Meditación

El motivo de la meditación y cómo establecer una
práctica diaria que dure

(Métodos para eliminar la ira y deseo sexual)

Thomas Huertas

TABLA DE CONTENIDOS

Meditación Plena 1

Carlos Vicente Delponte, Escritor. 14

Las Mujeres Que Experimentan Hipnosis Tienen Una Fuerte Motivación Para Perder Peso. 30

La Hipnosis Para Perder Peso 40

Recomendaciones Sobre El Ejercicio De La Meditación 48

Finales Recomendaciones 54

El Carácter Distintivo De La Vida Meditativa .. 58

¿Por Qué Se Necesita La Meditación? La Libertad Y La Respuesta A Las Crisis 64

Escrito En La Ciudad De Carnuntum 79

Primeros Pasos Hacia La Meditación En El Sueño 93

Los Pensamientos 105

¿Cómo Iniciar La Meditación? 129

Meditación Y Atención Plena 141

La Frecuencia De Vibración 161

Meditación Plena

El estrés y la ansiedad son con frecuencia simplemente preocupaciones por el pasado o temores sobre el futuro. La mejor forma de superar estos miedos constantes es estar atento en el momento presente para mantener tus pensamientos basados en la realidad. Te ayudaremos a mantenerte atento en esta meditación para que puedas concentrarte en lo que más importa: la sanación.

No puedes sanar si tus pensamientos y emociones están pegados por un tiempo que no puedes controlar. La culpa y el remordimiento solo te mantendrán atrapado en una dimensión diferente porque no puedes cambiar el pasado. No importa lo preparados que estemos para el futuro, todavía hay un nivel de imprevisibilidad que nunca podremos superar. Esta meditación te enseñará lo que significa permanecer en el presente para comenzar el proceso de sanación.

Meditación para el autocontrol

Para esta meditación, debes estar en un lugar donde puedas sentirte completamente cómodo. Haga esta meditación cuando pueda dormir después, pero no es necesario. Otra excelente manera de experimentar plenamente los beneficios de la meditación es hacerla fuera, donde puedas tomar una siesta con la naturaleza.

Este es un ejercicio de visualización que te ayudará a llevar tu mente an un lugar tranquilo y relajado. Eliminarás cualquier pensamiento que te mantenga preso por un tiempo que no puedas cambiar. Concéntrate en tu respiración y mantén tu mente clara si realmente quieres disfrutar de esta meditación.

Cuando un pensamiento comience a viajar por tu mente, hazlo con fuerza. No necesitas obligarlo a salir de tu mente. No es necesario evitar los pensamientos negativos y castigarse por ellos. Deja que entren y salgan como un automóvil que pasa por delante de ti. No es necesario aferrarse an estos pensamientos y empujarlos an un rincón de tu cerebro. Tan pronto como entren en tu mente, empújalos hacia fuera.

Una vez más, concentre su respiración. Durante cinco minutos, inhale por la nariz y exhale por la boca. Inspira uno, dos, tres, cuatro y cinco, mientras que exhala cinco, cuatro, tres, dos y uno.

Mantén cada parte de tu cuerpo relajado y cierra suavemente los ojos. No es necesario mantenerlos cerrados hasta el punto de que te esfuerces. Deja que tus párpados se cierren suavemente. Contaremos desde veinte. Cuando lleguemos an uno, estarás en una posición de meditación. Deja que tu mente se vuelva completamente negra y sigue sintiendo el aire entrar y salir de tu cuerpo.

Inhale cinco veces y exhale cinco veces. Tienen diecinueve años, dieciocho, diecisiete años, dieciséis años, quince años, catorce años, trece años, doce años, once años, nueve años, ocho años, siete años, seis años, cinco años, cuatro años, tres años, dos años y uno.

Tu mente está completamente desocupada. No puedes ver nada en absoluto. Sentir el aire fluir a través de tu cuerpo es lo único en lo que tu mente está concentrada ahora.

Empiezas a ver un pequeño punto brillante en tu mente. El punto crece cada vez más hasta que te das cuenta de que estás envuelto en la luz del sol.

Cuando miras a tu alrededor, te das cuenta de que estás rodeado de árboles vibrantes y verdes. Cada objeto a tu alrededor te recuerda que formas parte de la naturaleza. Todos estos elementos son parte de un ecosistema vivo en el que ahora también están operando. Respira el aire fresco y experimenta una sensación de plenitud en tu cuerpo.

Hay un pequeño camino entre algunos de los árboles cuando miras delante de ti. Comienzas a caminar alrededor y das un paso adelante. Bajo tus pies, puedes sentir el crujido de las hojas y la tierra. Es un día hermoso de otoño, y el cambio de color naranja y amarillo de los árboles te hace sentir cálido. En este momento, hay una brisa suave, pero no es demasiado fría. Podrías ver fragmentos del cielo sobre ti. Las hojas se rompen y brillan con un azul brillante. Sigue caminando y ve frente a ti un camino muy grande. Muchas personas ya han recorrido este camino antes. No les importa lo que ha sucedido en el pasado ni lo que podría suceder en el futuro. Están completamente centrados en el presente y solo se enfocan en él. Exhala cualquier cosa que te haya mantenido atrapado en un lugar sin control y inspira esta buena energía. Todo lo que has vivido hasta ahora te ha convertido en la persona que eres. Habrá un día en el que todo tenga sentido, incluso si no estás contento con quién es esta persona en el momento actual. Serás capaz de mirar hacia atrás en tu pasado y comprender que cada desafío fue solo un paso más hacia la persona que eres. Hasta ahora, no todo ha sido fácil para ti. Sin embargo, esta experiencia ha sido una experiencia de aprendizaje que te ha enseñado más sobre ti mismo. Inspira ahora mientras empiezas an aceptar lo que te sucedió en el pasado. Exhala mientras liberas cualquier emoción que hayas experimentado. Continua caminando hacia más y más árboles y reflexiona sobre lo increíble que es la naturaleza. Todos estos seres vivos incluyen a ti. Estos árboles, flores y otras pequeñas plantas siguen viviendo, sin importar lo que puedan experimentar. Nadie los cuida.

No se necesita un jardinero para cuidar estas plantas y eliminar cualquier enfermedad o podredumbre de la raíz. Nadie las cuida ni las riega. Debido a que son parte de un sistema más grande, tienen la capacidad de cuidarse a sí mismos. Los bichos ayudan a polinizarlos y las plantas a su alrededor también los ayudan a crecer. Los animales pueden venir y comer con ellos y absorber la cantidad de sol y lluvia que puedan.

Esto nos recuerda la poderosa capacidad de todos los seres vivos para seguir adelante independientemente de las circunstancias. Tu cuerpo siempre estará presente para brindarte la comida y el placer que necesitas para mantenerte lo más saludable posible. Podrás obtener los beneficios más significativos de lo que le das a tu cuerpo usando tu cuerpo, ya sea algo saludable o un tipo de comida chatarra. Todo lo que tienes dentro de ti sucede por ti mismo. No tienes que enseñarle a tu cuerpo cómo descomponer y procesar la comida. Hace todo esto, por supuesto. Todo esto te hace recordar que formas parte de un organismo más grande. Esta tierra fluye tan libremente y suavemente como debería. Continua caminando y ve un pequeño estanque. Cuando caminas hacia él, ves algunos pequeños peces nadando en el fondo. Estos peces podrían ser alimentos.

Estos peces pueden pertenecer an otra persona. Estos peces simplemente existen como sus propios organismos vivos. Buscan comida en la superficie mientras nadan contra la corriente. No importa lo que experimenten, su objetivo principal siempre será seguir viviendo. Es un poderoso recordatorio de que cuando se sienten perdidos, siempre pueden estar seguros de que su propósito y propósito es simplemente seguir viviendo y respirando.

Inhale cuando observe la ubicación y exhale cuando libere cualquier pensamiento que te mantenga en otro lugar. Está bien planificar y pensar en el futuro. Y todos tenemos momentos cuando pensamos en el pasado. La obsesión con estas cosas es el problema. No serás capaz de dedicar toda tu energía a las cosas que te rodean actualmente si solo piensas en diferentes períodos de tiempo aparte de lo que está ocurriendo ahora. En este momento, respira la emoción de permanecer consciente y productivo. Cualquier deseo de permanecer en el mismo lugar durante un período de tiempo diferente debe ser exhalado.

Observa el pez mientras mira hacia abajo. Puede tomar cualquiera de ellos que desee. Este estanque no es muy profundo ni muy grande. Siempre que lo intentes, probablemente puedas obtener uno.

Tienes la opción de hacerlo o no. Dejas que estos peces sigan nadando si decides no hacerlo. Sacar an uno de estos peces del estanque no tiene sentido. Puede usarse como comida después, pero no lo necesitas. Sigue observando cómo estos peces flotan. No los asustes ni intentes hacer que se muevan. Simplemente están presentes. Tenemos que empezar a tratar nuestros pensamientos de esta manera. En ocasiones, nuestros pensamientos parecen peces nadando en una pecera. Los pensamientos nunca desaparecerán. No se marcharán. No necesitas alimentar an estos peces. No es necesario que los recojas. No es necesario que los muevas. No es necesario que los asesines. No hay necesidad de que hagas nada. Deja que sigan nadando. No necesitas prestar atención a lo que estás pensando. Estos pensamientos pueden entrar en tu mente, pero no tienes que tener miedo y empujarlos hacia afuera de manera tan negativa. En su lugar, puede concentrarse en sí mismo y desarrollar una mentalidad saludable y positiva. Recuerda que los pensamientos negativos pueden alejarse nadando como peces. Inspira y exhala, inspira y exhala.

Siéntate nuevamente frente al estanque y cierra los ojos. Se debe introducir los dedos de los pies en agua fresca. A pesar de que es un día de otoño, aún no está congelado y el agua te recuerda lo que queda del verano. Inspira y exhala, inspira y exhala. Te recuestas contra la gruesa capa de hojas del suelo mientras cierras los ojos. Te sientes completamente a gusto, tranquilo y cómodo. Inspira y exhala, inspira y exhala.

Cuando cierras los ojos, todo vuelve a desaparecer. Todo se oscurece y no quedan pensamientos en tu mente.

Este es un lugar tranquilo y seguro donde puedes volver cuando lo necesites. Estás en un estado de completa tranquilidad y la paz fluye por cada uno de tus poros. Ahora no tienes pensamientos que te mantengan en una posición negativa. A menos que te relajes y liberes de los miedos que te han retenido durante tanto tiempo, no puedes sanar. Se inspira an intervalos de uno, dos, tres, cuatro y cinco, mientras que se exhala an intervalos de cinco, cuatro, tres, dos y uno.

Continúa siendo tranquilo. Te estás hundiendo cada vez más en el sofá. En este momento, no hay una sola cosa que te impida avanzar. Estás completamente a gusto y relajado. Hacer una vez más la cuenta atrás desde veinte.

Cuando llegamos an uno o te quedas dormido, continúas con tu día o pasas a la meditación siguiente.

Inhale cinco veces y exhale cinco veces. Tienen diecinueve años, dieciocho, diecisiete años, dieciséis años, quince años, catorce años, trece años, doce años, once años, nueve años, ocho años, siete años, seis años, cinco años, cuatro años, tres años, dos años y uno.

Carlos Vicente Delponte, Escritor.

La escuela clásica fue un lugar donde se fomentó la investigación filosófica, los derechos de los ciudadanos y la búsqueda de "ataraxia" -una sensación de tranquilidad sin preocupaciones-.

A pesar de ser difícil de encontrar, la fraternidad cristiana que tomó un camino más arriesgado, solicitando charitas y agape, no estuvo ausente.

En el siglo XV, la división de la filosofía, la ciencia y la teología se intensificó, mientras que El Catolicismo se distrajo y gradualmente aumentó su clinamen impulsado por el avance del clasicismo antiguo y la creciente objetividad científica, lo que acabó con los fundamentos mismos de las creencias. Además, podemos mencionar el efecto positivo de la saga de papas y sus seguidores, quienes promovieron La Reforma luterana y la Contrarreforma inmediata con un enfoque emocional que, como se demostró, no tuvo un impacto significativo en la paz espiritual y la sociedad, aunque sí fue efectiva para la Iglesia institucional y el arte.

En la tercera década del siglo XVIII, se anunció la escenografía más libre del Rococó y su ensayo de "retorno a la naturaleza" en los prados y perfumando corderos, a manera de solaz para una aristocracia aburrida y vacía de nobleza, cuyo trágico fin fue la guilloti

La estética del Romanticismo siguió an estos cambios, quizás con una época inicial de gran profundidad expresiva y filosófica, pero en su última etapa, llena de pesadumbre, intentó en vano superar la creciente fealdad tecnológica. La nostalgia por el pasado lejano y la naturaleza se difuminó entre imágenes modernistas de castillos bucólicos en ruinas y rosas pálidas esparcidas. Según Jung, los acordes wagnerianos se volvieron cada vez más fuertes y despertaron a los dioses del Walhalla y del Nibelungo subterráneo, cuyo patronazgo creó una nueva esclavitud: "la clase obrera", que reemplazará al noble artesano. Este linaje nació en hornos infernales y 22

Mientras las aldeas se encontraban en medio de la incertidumbre, perdían el colorido y la alegría de sus tradiciones, fiestas, huertos y artesanías.

La era de los avances tecnológicos y las reivindicaciones sociales más justas había comenzado, pero también se vio afectada por la contaminación ambiental y los nacionalismos masivos que se intensificaron en poco tiempo debido al odio, la xenofobia y la competencia comercial, lo que llevó a las demenciales guerras del siglo XX como el final de La Europa Cristiana.

El fracaso no ocurrió desde el Romanticismo o el Renacimiento, sino que se remonta al Medioevo cuando se establecieron las Cruzadas para detener el avance de La Media Luna. Esta misión podría ser políticamente justa y necesaria, pero demostró la gran resistencia del espíritu europeo al Evangelio. La peripecia es similar a la de su adversario El Islam, quien está igualmente interesado en someter al mundo a su religión y objetivos.

La tensión existente entre la vida, La Iglesia, la soberbia de su pureza de sangre y un perentorio deseo de huir de la asfixia producida por ciertas virtudes impracticables habría sido la fuente del temperamento del cruzado que se decía "protector de pe-regrinos y de lugares sagrados". Esta huida llevó an excesos extremos, incluso contra hermanos cristianos, como ocurrió en el saqueo a Constantinopla por parte de la IV cruzada. ¿Qué más daba si el papado decidiera que estaba asegurado en el cielo si moría en aquella "Guerra Santa"?

Hoy en día, esta envidia colectiva sigue planteando la pregunta de cómo se pudo combinar tanta crueldad, latrocinio y anhelo de conquistas en una sola mente, junto al mensaje de "El Príncipe de la Paz" y "El que ponía la otra mejilla". ¿Es posible determinar qué lucha se discutiría en las mentes de quienes promovieron esas milicias? Realmente se han utilizado artimañas para cristianizar argumentos, tal como lo hicieron los primeros defensores del cristianismo, Urbano II y Bernard de Clairvaux. En su discurso psíquico, se destaca un discurso que moviliza fuertemente el "Anima" a través de proyecciones hacia "La Madre de Dios", lo que se suma an una exaltación inflativa del arquetipo "Héroe". Este discurso imprudente exigía "Celo Divino" a los descendientes de las tribus que

23

Carlos Vicente Delponte, escritor.

Las discrepancias que podrían llevarnos al escepticismo hacia este tipo de cristiandad, las consideramos alejadas de una experiencia espiritual profunda similar a la de los tiempos en los que mujeres indefensas eran apedreadas por falta de trivialidades culturales que pasaban por mandatos divinos. Sin mencionar las hostilidades vergonzosas entre naciones que reconocen un ancestro común.

Las terribles guerras del siglo XX podrían ser explicadas desde una perspectiva psicológica, ya que se debieron a los contenidos del subconsciente del "Superhombre" que no se superó a sí mismo, como soñaba Nietzsche, sino que se afirmó mediante la violencia tecnológica, económica y las más ingeniosas artimañas para matar.

Por otro lado, el miedo de Los Cruzados surgería de oscuridades aún más oscuras, ya que lograron desviar el mensaje del Bone Jesu que reunía an estas tropas. Naturalmente, esta situación contribuyó a la imposibilidad de mantener el viejo mundo medieval. Se sabe que durante el Renacimiento, los valores racionales se convirtieron en la opción más confiable y comenzaron an iluminar el "caos" de la metafísica y la naturaleza, lo que llevó al interés hacia el redescubrimiento del mundo y del ser humano, lo que llevó al esperanzador análisis de la endopsiquis de la persona en el siglo XX. La luz y la oscuridad ya no provienen de una dimensión extraterrestre; en la actualidad se habla de niveles inconscientes donde se pueden resolver problemas con herramientas más éticas que las rogativas irresponsables y proyecciones descongestivas, siempre acompañadas de un imaginario supra e infraterreno, tan propio de las religiones que establecieron un camino en diversos órdenes ajenos an una vivencia meditativa.

Sin embargo, es importante tener en cuenta la llamada espiritual medieval de los países germánico, británico y ortodoxo, en la cual se encontró un camino espiritual hacia la interioridad y una actitud de escucha menos enfocada en las proyecciones.

Cuando Eckhart explica por qué prefiere experimentar la esencia divina en la subjetividad, partiendo de una Nadidad metafísica, dice: "Dios como nada" (2). No hay previsiones.

"Nada, en cuanto idea sin propósito", en la sensibilidad se aplicaría el concepto "No Ego" o "Ego como Nada" para darse cuenta de uno mismo.24

La meditación ta de la cualidad éntica y de conciencia relativa del ego circunstancial que solo genera ideas y representaciones.

Es importante destacar que la idea de "La Nada" de Eckhart no se refiere a la eliminación de cualquier idea metafísica, sino a la creación de un vacío egoísta que permite ver lo esencial a través de una "Gelassenheit" o un abandono tranquilo del yo éntico y todo lo que su conciencia relativa pudiera imaginar sobre La Verdad Extrema, Dios, El Ser, Ontos, Noúmeno o como se le quiera llamar.

En el Cristianismo, una inclinación vibrante se desarrolla cuando se logra experimentar en su interior La Esencia Óntica, Una, Simple y Omniabarcante, también conocida como "Divina", a través del cultivo de la Pobreza del Espíritu evangélica. Esta pobreza de ego desajustó la concepción de la Iglesia que valoraba al hombre como un solo todo ego y a Dios como un todo Otro. Esta idea se fundamenta en la temeraria tesis de que la esencia del Ser de Dios es diferente

Si bien esta última idea podría haber sido útil para crear una pedagogía accesible para la mayoría de las personas analfabetas y desinformadas, también podría haber sido utilizada por razones políticas, ya que se requería tener un dios como una estructura externa y personificada del alma humana. Esto evitaría las dificultades de la primera y permitiría un acto meditativo individual de comunión con el Todopoderoso, lo que conduciría al desarrollo de la ansiada libertad de conciencia que muchos temen.

Se hizo evidente en este maniqueísmo solapado que todo lo que no fuera Iglesia pertenecía al dominio de "El Maligno". La consecuencia de este hecho sería la división del alma europea, lo que obstaculizaría la resolución del paradojismo que es característico del psiquismo humano.

En este momento difícil, lo que también preocuparía, junto con la desorganización de Europa, habría sido la posibilidad de un posible Panteísmo, sin duda por razones justas para aquel concilio.

Carlos Vicente Delponte se preguntó si era posible endiosar an ese individuo todo su ego, o ente, al relacionarlo con Dios.

Sin embargo, Nicolás de Cusa, al entrar en límites difíciles de la dogmática, optó por presentar a Dios como una confusión o una paradoja, afirmando que Dios es una contradicción en sí mismo. Aunque está separado, está por todas partes. Desde la perspectiva psíquica, se estaría proyectando en la divinidad la característica antinómica de los humanos, lo que permitiría generar una síntesis superadora de la mente discriminatoria. Esta síntesis requiere humildad del hombre, ya que su ego debe caer en la contradicción silenciosamente para encontrar el tercer término que supere el conflicto racional mediante la fe. En la Edad Media, esta inclinación espiritual dio lugar a lo que se conoce como "La Experiencia de Dios", una perspectiva meditativa que toca el fondo óntico o "divino" del ser humano, sin que esto implique que pierda su identidad de modesto mortal.

Sin embargo, en La Academia Florentina las cosas no han cambiado en este sentido. Ahora, gracias a los nuevos conocimientos sobre la naturaleza del psiquismo, podemos ver que la experiencia óntica no se basa en caprichos involuntarios, sino en caminos predeterminados desde profundas capas del inconsciente de la especie para su mejoramiento y felicidad.

A pesar de esto, no sería justo ignorar que para algunas personas los símbolos religiosos continúan cumpliendo su función, ya que podrían servir como un puente entre su conciencia y su interioridad, lo que implica el "sacrificium intellectum" propio de aquellos que no se preocupan por sus creencias religiosas. No tenemos conocimientos, simplemente confiamos.

En el mejor de los casos, el comportamiento conocido como "fe del carbonero" podría permitir una forma de recapitulación del yo que es necesaria para "saltar" a la otra orilla que permite la introspección meditativa. Como mencionamos anteriormente, las revelaciones religiosas, al ser representaciones del inconsciente, conectan con elementos importantes del alma, siempre y cuando sus contenidos sean positivos.

Después de enfocarse en un objetivo sobrenatural, la meditación los llevará de vuelta a su espíritu original.

Los ritos religiosos antiguos, analizados desde una perspectiva psicológica, contienen símbolos valiosos que se acercan an una perspectiva meditativa, lo que aproxima la experiencia óntica a las profundidades del alma humana, su Mismidad Esencial y Universal.

Por ejemplo, durante el ritual cristiano de la Misa, cuando el creyente ingesta el pan y el vino que se transformaron en la carne y la sangre de Jesucristo, se estimula una experiencia de "Agape", o una unión con Dios -El Ser- en su corazón.

Los misterios litúrgicos del Viernes Santo se destacan en la elocuencia, como la ocultación de imágenes en los templos, el uso de matracas de madera en lugar de campanas y los sagrarios vacíos que indican una fe abandonada, similar al "Verbum Dimissum", "La Palabra Perdida", "La Nada" y "El No Yo" del gran silencio del Cristo muerto en La Cruz. La desafortunada "pobreza del espíritu" y la falta de contacto con las cosas, las acciones y los seres, se asemeja a la preparación para el "Tránsito Pascual" o la "Resurrección". Esta iluminación meditativa se asocia con la aparición en la conciencia de "La Mismidad Ontica", la cual implica cierta falta de libertad o egoísmo.

Las Mujeres Que Experimentan Hipnosis Tienen Una Fuerte Motivación Para Perder Peso.

Te darás cuenta de que tienes el poder de hacer todo esto por ti mismo una vez que hayas caído en la mentalidad correcta, como se logró a través de la repetición de las meditaciones en la sección anterior. Pero podrías necesitar algo de motivación. Será mucho más fácil continuar manteniendo el peso si encuentras la motivación correcta.

Aunque puede obtener motivación de fuentes externas, la herramienta más poderosa es la que crea en su propia mente. Afortunadamente, usar las dos siguientes hipnosis diferentes será muy útil para crear la motivación dentro de ti necesaria para encontrar el éxito.

Hipnosis para motivar

Voy an explicarte los pasos necesarios para ser hipnotizado. Si desea, puede grabar esto en voz alta primero, pero tendrá más control que las dos meditaciones guiadas anteriores.

Primero, asegúrese de sentarse cómodamente y respirar de manera estable. Todavía no cuentas tus respiraciones. Solo sé dónde estás sentado, cómo estás sentado y cómo te sientes.

Quiero que tu mente fluya, que solo te preocupes por ti. ¿Cuál ha sido tu impulso hasta ahora para llegar a donde estás? ¿Qué te ha llevado a sentarte aquí, respirando a fondo y escuchando mi voz? Es momento de comenzar a contar tus respiraciones.

A medida que esta idea motivadora avanza a través de tu cerebro, tu atención se vuelve hacia cómo respiras. Deja fluir una respiración por un lado de tu fosa nasal mientras cierras la otra. A medida que sale la respiración, la fosa nasal que sostiene cambia. Me gustaría que lo hiciera cinco veces más conmigo.

Otra vez más. Inhale a través de una fosa nasal y exhale a través de la otra.

Respira lentamente, no demasiado rápido, y inhala y exhala por una fosa nasal. Mientras lo haces una vez más, inspira y luego espira, y siente cómo el aire sale de tu cuerpo. Una vez más, al inspirar, siente cómo la motivación comienza an entrar en tu cuerpo, y a medida que sale el aire, esa es toda la demora y las excusas que has usado en el pasado. Inspira una vez más a través de una fosa nasal y expulsa a través de la otra.

Simplemente inspira por ambas fosas nasales y exhala por la boca después de volver a colocar tu mano en una posición cómoda. Contaremos hasta diez y cuando lleguemos a diez, tu mente será completamente vacía. Numeros uno, dos, tres, cuatro, cinco, seis, siete, ocho, nueve y diez.

Tu mente está en negro, pero una pequeña luz surge cada vez más. Al final, comienzas a ver lo que parece ser una playa. Antes de ti se encuentran cielos de color azul, olas que chocan y colinas de arena. Cuando llega a tus fosas nasales, el olor es fresco, y puedes sentir el cálido sol esparcido por tu piel.

Miras hacia el exterior y ves que el agua está tranquila, pero hay suficientes olas para emocionarte. Cuando miras a tu alrededor, te das cuenta de que no hay otra persona a la vista. No se escuchan ni los niños reír, ni las personas hablar, ni ningún otro sonido. No es una soledad angustiosa. Es una tranquilidad tranquila.

De repente te das cuenta de que no tienes nada que hacer cuando empiezas a mirar alrededor de la playa. Por último, pero no menos importante, no hay nada en tu agenda que te haga preocuparte por lo que debes hacer a continuación. Estás aquí para relajarte porque has logrado todo lo que te había sugerido al principio.

Camina hacia el agua con los dedos en la arena. Solo te preocupa lo bien que se siente estar en esta playa. Tu cuerpo está relajado, sin músculos tensos en tus brazos, piernas, hombros, estómago o dedos de los pies. En lugar de eso, eres consciente de lo que te rodea y deseas derretirte en la arena. Cuando te acercas al agua, las olas ondulantes se acercan a tus dedos.

Hace mucho tiempo que no te sientes bien. La mayor parte del tiempo, estás enfocado en algo diferente. Estás pensando en lo que hay que hacer en lugar de hablar con amigos. En lugar de disfrutar de lo que ves en la televisión, estás preocupado por lo que debes hacer en el trabajo al día siguiente.

Por fin, eres libre. Cuando intentas estar presente en la situación actual, ya estás en otro lugar. Has logrado alejarte del lugar de la evasión y la demora. Solo necesitabas un poco de motivación.

Todavía estabas motivado por ti mismo. Aunque intentaste sugerir otras formas de recompensas, ahora eres consciente de que solo tú tienes el poder que necesitas para hacer realmente las cosas para las que necesitas motivación. A medida que comienzas a tomar el control de tu vida, comprendes que mantenerte motivado y completar las tareas te prepara para el éxito en el futuro.

Dejar que el agua caliente fluya sobre tus pies te hace recordar todas las veces que has demorado las cosas. Observa las conchas que están sentadas en la arena y el agua las lava.

A medida que se pierden en la arena, se arrastran lentamente al agua. Por lo tanto, solo hay más conchas traídas a la orilla y cayendo en la arena por las olas. Siguen moviéndose, ya que las olas siempre llevan más conchas.

Te das cuenta de que las olas tienen mucho en común con los ciclos de evasión que solías experimentar. Las conchas son todas las excusas. No importa cuál fuera la tarea, siempre habría una razón por la que no se podría terminar. Cada vez que llegaba una nueva idea, un nuevo intento, más esperanza y entusiasmo por lo que estaba por venir, había una ola inicial, pero luego se disolvía en gotas de agua, lavando tus excusas.

Esto te dio un poco de consuelo. Este patrón fue lo que te llevó a la mediocridad, así como las olas nos dan la paz de que siempre habrá otra a seguir. Al ver venir las olas, te das cuenta de que no permitirás que esto vuelva a suceder.

Siempre habrá olas, pero debemos ignorar las conchas en este momento. Es hora de usar este patrón que hemos creado y enfocarnos en algo positivo. Ahora haremos de la postergación nuestro defecto cuando se sienta natural. Cuanto más puedamos establecer algo para el futuro, más amables seremos con la persona en la que nos convertiremos.

Cuando te giras, ves que el sol está comenzando a salir. A pesar de que aún no ha llegado a la línea del agua, está avanzando. Puede confiar en que el sol se pondrá y saldrá, al igual que puede confiar en las olas.

Cada ocasión en la que esto ocurre es hermosa, al igual que cada obstáculo que hemos enfrentado en nuestras vidas. Todas son únicas, aunque las cosas vienen y van. Al igual que la luz solar constante ayuda a los árboles que rodean la playa a crecer, estas experiencias pasadas nos han ayudado a convertirnos en lo que somos.

Te sientas en la arena mientras cavas para sentir los bocados más fríos debajo de los montículos que el sol ha blanqueado. Sintiendo la arena que te rodea, te tumbas en la playa. Cuando miras el cielo azul brillante, piensas en lo hermoso que es, aunque no veas nada más que azul.

Puede crear algo de la nada como descubrió la belleza en algo tan simple. Incluso en los momentos más difíciles, puedes generar motivación porque tienes la habilidad de encontrar la belleza en todo.

Esto facilitará encontrar la motivación. Las olas que pasan sobre las conchas siempre serán recordadas. Los ruidos de sus movimientos. La dependencia que buscas Para evitar las olas negativas, concentrarte en las positivas. Las olas de motivación llegarán. En tus sueños más salvajes, dejarás que te lleven lejos. No vamos an abandonar emociones y proyectos que ya han sido olvidados. Es hora de concentrarnos únicamente en la motivación y en realizar acciones que nos permitan alcanzar el éxito que anhelan desesperadamente.

Si cierras los ojos en la playa, todavía tienes la huella del sol quemada en tus párpados. A medida que encuentres motivación, recordarás esto. Recordarás que tu motivación crece como las plantas bajo el sol brillante.

La huella del sol comienza a desaparecer y todo se vuelve oscuro. Cuando cuentes atrás desde diez años, es hora de abrir los ojos y comenzar con la primera tarea que te venga a la mente. Las cifras son diez, nueve, ocho, siete, seis, cinco, cuatro, tres, dos y uno.

La Hipnosis Para Perder Peso

Voy a mostrarte una nueva forma de hipnosis ahora. Esta se enfoca en el objetivo de perder peso. Voy an ayudarlo an obtener los resultados que siempre ha deseado desbloqueando las cosas que necesita en su mente para comenzar este proceso. Asegúrese primero de sentarse cómodamente. Un metrónomo también puede ayudarlo a controlar su respiración.

Primero, coloque tu mano sobre tu estómago. Siente el cuerpo que existe debajo mientras lo haces. No es el que deseas en este momento, pero es el que posees. Siente cómo tu estómago se expande a medida que inspiras.

Siente tu estómago aplanado mientras dejas salir el aire. Cuéntame hasta cinco mientras inspiras. Numeros uno, dos, tres, cuatro y cinco. Mientras exhalas, cuenta hasta seis. Espera un segundo más porque quiero que sientas cómo tu estómago se aplana. Considere lo mucho que puede cambiar tu cuerpo.

Siéntate con las manos en algún lugar cómodo y mantenga los ojos cerrados. Sigue inhalando y exhalando, nuevamente, notando cómo cambia tu cuerpo solo con los músculos del estómago. Nuestros cuerpos son capaces de hacer cosas increíbles. Puede ser muy esclarecedor conocer todas las habilidades que tenemos.

Es mucho más sencillo garantizar que estamos tomando decisiones saludables que son las mejores para ellos cuando estamos en sintonía con nuestros cuerpos y apegados a todas las cosas que pueden hacer.

Deja que tu mente se mueva gradualmente an un lugar tranquilo. Seleccione un lugar natural. Quizás sea una playa, un bosque o un extenso campo de hierba. Quiero que te imagines esto, donde sea que estés. En este momento, volveré a contar hasta diez, y mientras lo hago, tu mente se está volviendo oscura. Numeros uno, dos, tres, cuatro, cinco, seis, siete, ocho, nueve y diez.

No ves nada más que negro en este momento. Mientras te concentras en la nada, ves una pequeña luz emergiendo y comenzando a crecer. A medida que lo hace, te relajas gradualmente mientras sigues sintiendo el aire entrar y salir de tu cuerpo. La luz se extiende por todo tu cuerpo sin que te des cuenta.

De repente te das cuenta de que estás allí en lugar de pensar en este lugar natural. A medida que miras a tu alrededor, todo está verde. El cielo azul se extiende a través de los árboles frondosos, y el cálido sol comienza a calentar tu piel.

Una brisa refrescante llega a tu cuerpo y se extiende a través de tu cabello. No tienes miedo de estar solo en este entorno natural. Es algo que has estado esperando desde hace tiempo. Te mereces esto.

Empiezas a caminar hacia adelante sin dirigirte a ningún lugar específico. Al dar cada paso, empiezas a ver un pequeño edificio en la distancia. Tu cuerpo se relaja mientras caminas lentamente. Te sientes fresco, ligero y saludable. Algunas cosas cambian en la forma en que te sientes ahora.

Ahora entra en el edificio que está justo delante de ti. La luz se derrama sobre ti a medida que abres la puerta y de repente te sientes rejuvenecido. El edificio tiene aire acondicionado, lo que significa que es nuevo y fresco. Aunque no sabes dónde estás, no importa. Aunque parezca que no hay nadie, no tienes miedo de estar sola. Ve un espejo delante de ti cuando entras.

Al principio, es difícil mirarlo. Puede que alguien te mire y no quieras verlo. Pero algo te dice que debes mirarte en este espejo. Te sorprende ver a la persona que te está mirando cuando te acercas an él. Al principio, no reconoces an esta persona. Ella es una persona sana. Sonríe. Su piel es suave y su cabello brilla. Se puede ver que se ejercita y está en buena forma. Cuanto más la observas, más reconoces que eres tú. Esta es la versión que esperabas.

Has tenido una idea de cómo sería el futuro si finalmente decidieras seguir con tu viaje de pérdida de peso. Estás presente en este momento. Estás mirando al espejo y ves a alguien a quien has estado esperando. Estás saludable y feliz. Ella está emocionada y tiene confianza en sí misma.

De repente, recuerdas todo lo que se necesitó para llegar allí al mirarte en el espejo. Había momentos en los que creías que no podrías. En ocasiones, lo único que se sentía bien era perder el control. Había muchos obstáculos en tu camino, pero finalmente tenías el coraje de superarlos y lograr lo que querías.

Tus piernas son fuertes cuando las observas. Han estado contigo durante toda tu vida y te han ayudado a llegar a lugares que nunca hubieras imaginado. El contorno de tus músculos es evidente, tan fuertes y hermosos. Se puede ver el estómago plano que siempre has deseado a medida que te mueves hacia arriba.

Aunque aún puedas experimentar algunas estrías, estas son una señal de lo mucho que has trabajado por tu salud.

Luchó por ti mismo y tu cuerpo. Pasaste por cosas que otros no pueden hacer solos. Lo puedes ver en tu cuerpo. Ahora tienes un estómago plano con toda la comida que parecía tan apetitosa a la que dijiste "no". Se hace presente en tu cuerpo cada vez que eliges algo saludable en lugar de algo simplemente sabroso.

Tu pecho también es fuerte, cuando te miras en el espejo. Puede sentir que su corazón funciona bien porque este pecho sano envía sangre por todo su cuerpo. Se siente energético, justo, contento y feliz. Ve los brazos y los hombros por último. Estos son tan poderosos y te han llevado tan lejos.

Los ves desde tus dedos hasta tu cuello, apoyando el resto de tu cuerpo y tonificados. A pesar de haber visto todos los cambios significativos en el resto de tu cuerpo, lo que es más significativo ahora es lo grande que es tu sonrisa. Tus mejillas están estiradas para mostrar el brillo que siempre ha existido en ti y que finalmente puede estar presente en este momento.

Es maravilloso saber que te ves bien, pero aún mejor es saber que te sientes tan cómodo con tu cuerpo. Aprendiste hábitos saludables a lo largo de tu pérdida de peso para poder mantener el peso por mucho tiempo. Existen momentos en los que solo deseas un cuerpo específico, pero ahora, sonriendo en el espejo, sabes que la felicidad es lo más importante.

Es hora de que te saque de tu estado de embriaguez. Estarás listo para comenzar tu viaje cuando cuentes hasta diez. Numeros uno, dos, tres, cuatro, cinco, seis, siete, ocho, nueve y diez.

Recomendaciones Sobre El Ejercicio De La Meditación

Si Deseamos Obtener Una Buena Meditación, Sería Recomendable Seguir Las Siguientes Sugerencias:

1. El Lugar Debe Ser El Más Tranquilo De La Casa. No Hay Ruidos De La Calle, Teléfonos O Timbres En La Puerta.

En Las Primeras Ocasiones, Para Acostumbrarnos, Meditaremos Sentados Para Evitar Dormir. Mantendremos Una Postura Relajada Pero Con La Espalda Recta Y Los Pies Sobre El Piso Mientras Nos Sentamos En Una Silla Cómoda.

3.- Temperatura: Es Importante Asegurarse De Que La Temperatura En La Habitación Sea Agradable Y Suave. Pensemos En La Posibilidad De Quedarnos Dormidos En Algún Momento, Lo Cual Podría Hacernos Sentir Más Fríos.

Es Importante Evitar La Luz Intensa En Los Ojos. Es Importante Tratar De Mantener Una Cierta Oscuridad, Tanto Durante El Día Como Durante La Noche.

Antes Del Desayuno, Del Almuerzo Y Del Acostarse Temprano En La Mañana.

Es Recomendable Vestirse Con Una Ropa Lo Más Amplia Posible. No Hay Presión Sobre La Cintura, Las Axilas, Los Muslos, Etc.En Invierno, Podemos Usar Un Chándal Amplio Y En Verano, Pantalones Cortos Y Una Camiseta. El Algodón O Cualquier Otra Fibra Natural Es Mejor. Puede Ir Descalzo O Con Calcetines. Lo Principal Es No Permitir Que Nuestro Cuerpo Se Enfríe.

Se Aconseja Realizar La Meditación En Una Postura Cómoda, Manteniendo La Espalda Recta Y Vertical. Puede Practicarse Recostado O Boca Arriba, Pero Es Probable Que La Persona Que Lo Practique Se Quede Dormida. Aunque El Sueño Sea Placentero, Dormir No Permite Recordar Lo Que Sucedió. Al Estar En Posición Vertical, Se Puede Controlar. La Meditación, Al Igual Que

Los Sueños, A Veces Trae Mensajes Simbólicos Que Podemos Interpretar; Sin Embargo, Es Poco Probable Que Recordemos Esos Mensajes Si Dormimos.

Para Comenzar Nuestras Sesiones, Debemos Realizar Tres Respiraciones Lentas Y Profundas. En Otras Palabras, Inspiramos Más Lentamente Y Durante Más Tiempo, Lo Que Nos Permite Ingresar Más Aire A Nuestros Pulmones Y Luego Expulsarlo Muy Lentamente.

Siempre Debe Realizar Otras Tres Respiraciones Lentas Y Profundas Como Al Principio Antes De Terminar La Sesión. No Debemos Levantarnos De Manera Excesiva. Al Final De La Sesión, Abrimos Los Ojos Y Respiramos Profundamente Mientras Movemos Nuestras Manos, Brazos Y Piernas Lentamente.

9. La Actitud Mental Debe Ser Positiva, Alegre, Sin Estrés Y Llena De Amor. Si Esto No Se Da, No Vale La Pena Meditar. La Meditación Debe Ser Un Proceso Lleno De Felicidad Y Paz.

Tiempo: Al Principio Solo Dedicaremos 15 Minutos, Pero Si Es Posible Dos Veces Al Día, Sería Mejor. Después, Podemos Gradualmente Aumentar El Tiempo Hasta Una Hora Y Media.

Interrupciones: Si Nos Viéramos Obligados An Interrumpir La Sesión Por Alguna Razón, Nunca Nos Levantaremos Disparados, Ya Que Eso Afectaría Negativamente Nuestro Proceso De Relajación.

Si No Duermes, Es Más Sencillo Quedarse Dormido. Es Preferible Ir A Dormir Y, Al Despertar, Meditar.

13.- La Comida: No Haber Consumido Ningún Estimulante (Café, Cigarrillo, Té, Licor, Etc.) Dos Horas Antes. Puede Beber Agua Pura. El Cuerpo Necesita Prestar Atención Durante El Proceso De Digestión. No Es Fácil Mantenernos Concentrados Después De Comer.

14. Relaciones Sexuales: No Debe Dormir Más De Seis Horas Después De Tener Relaciones Sexuales. El Desgaste Físico Dificulta La Meditación Adecuada.

Este Tiempo Es Necesario Para Recuperarse.

El Entorno Debe Ser Tranquilo, Con Aire Fresco Y Música Agradable. Al Principio, Este Entorno Será Indispensable Para Nosotros, Pero Con La Práctica, Podremos Meditar En Cualquier Lugar.

Nunca Se Debe Meditar Mientras Estás Enojado. Es Mejor Meditar Después De Ponerse En Paz Con Aquellos Con Quienes No Estamos De Acuerdo. La Meditación Es Un Proceso Para Encontrar La Paz En Uno Mismo.

La Enfermedad: En Caso De Enfermedad O Tristeza, Es Más Beneficioso Meditar. La Enfermedad Es Un Desequilibrio En La Familia. Llegar An Un Punto De Estabilidad Es Posible Gracias A La Meditación.

18. Los Ojos: Se Recomienda Meditar Con Los Ojos Cerrados, Aunque Hay Métodos De Meditación Más Avanzados Que Utilizan Los Ojos Abiertos, Como La Meditación Zen.

Lo Más Crucial Es Que La Perseverancia Es Esencial. Un Trabajo Constante Y Sencillo Es Mejor Que Un Trabajo Extraordinario Y Casual.

Finales Recomendaciones

Meditación diaria: Recomiendo meditar todos los días. El uso constante de su práctica produce resultados muy positivos. Hacer al menos una meditación al día, como mínimo, es una actitud buena, aunque hacer tres meditaciones al día, al medio día y por la noche sería ideal. El trabajo constante y continuo produce los mejores resultados.

La rutina diaria ideal consiste en levantarse, beber uno o dos vasos de agua, ducharse, meditar y luego desayunar. Debemos dejar un espacio para la meditación en nuestra rutina diaria; una vez que se vuelve habitual, es más sencillo meditar.

Sin embargo, cada ser es diferente, por lo que cada uno debe encontrar el momento, el lugar y el momento más cómodo para él.

Al practicar la meditación, notaréis cómo habrá momentos en los que la meditación será muy especial. Sin embargo, en ocasiones, podría resultar difícil mantener la atención y posiblemente no sean tan singulares sus meditaciones.

Mi sugerencia es que mantengan su entusiasmo en todo momento, especialmente durante las etapas de decaimiento, ya que luego regresará una etapa de entusiasmo.

Grupos para meditar: Al menos una vez al mes, medite en grupo. Buscar personas que sean muy similares a usted y con las que podáis practicarla.

Meditación personal: Con el tiempo, desarrollarás tu propio tipo de meditación. Será más fácil relajarse imaginando un lugar natural. Iréis mejorando la técnica, determinando la que sea más adecuada para vosotros.

Servicio a los demás: Si la meditación se practica con un sentimiento de ayuda a los demás, tiene más fuerza. Al meditar, puedes imaginar an otros en armonía y paz. Recordad que no sois un ser aislado; vuestras acciones afectan a los demás, y las acciones de los demás afectan a usted.

Cuando dejes de meditar: La meditación debe traernos alegría y paz interior. Si esta práctica causa conflictos en nuestro entorno, la suspenderíamos temporalmente hasta que encontremos el momento adecuado para hacerlo de nuevo. Pensamos que algún miembro de nuestro entorno podría verse afectado si cambiamos nuestras rutinas diarias. Siempre es necesario mantener un equilibrio.

No podemos evitar enfrentar dificultades: La meditación no nos evitará tener "dificultades", las cuales nos ayudan a aprender de ellas. Las dificultades representan oportunidades para el desarrollo. Tal vez tengamos que lidiar con situaciones llenas de presión, preocupación o estrés. Estaremos preparados para afrontar estos desafíos de manera más positiva si practicamos la meditación constantemente.

Las dificultades pueden no desaparecer, pero nuestra perspectiva cambiará y aprenderemos más rápidamente de ellas para seguir adelante.

El Carácter Distintivo De La Vida Meditativa

De esta manera, el inicio de un individualismo espiritual se produce en el desarrollo de la veneración. Luego, él mismo puede descubrir cómo hacerlo. Hasta ahora, se han descrito tres componentes de un camino de conocimiento antroposófico: la investigación científica y espiritual, los ejercicios complementarios y el autoconocimiento en el recuerdo, todo ello combinado con la meditación diaria hacia la totalidad. En las presentaciones públicas de Rudolf Steiner, no se encuentra esta característica distintiva del camino de enseñanza antroposófico, que podría ser útil para un discípulo espiritual como instrucción en forma de un plan temporalmente sólido y con contenidos claramente definidos. El principiante se encuentra ante una gran cantidad de posibilidades, ya que Rudolf Steiner ha explicado el camino de enseñanza desde diversos puntos de vista en repetidas ocasiones. Una vez más, se cuestiona la autonomía del individuo, no an actuar de acuerdo con las normas, sino a tomar una decisión libremente en función de las circunstancias. Además, se está renunciando a numerosas otras oportunidades de práctica fascinantes. Sin embargo, aquellos que tienen la valentía de tomar una decisión notan rápidamente que en ella se encuentra una fuerza y la seguridad de encontrar el siguiente paso de manera autónoma y oportuna. Un individuo se vuelve sensible a su 28

Cada ser humano lleva en su interior un hombre superior además de lo que podríamos llamar el "hombre cotidiano".

Hasta que se despierta, este último permanece oculto, y solo cada individuo puede despertar este ser superior dentro de sí mismo.

La página 20 del libro "¿Cómo se puede obtener el conocimiento de los mundos superiores?"

La meditación es un medio para el conocimiento suprasensible: "(La meditación es una) vida del alma en pensamientos, que se expande cada vez más hacia una vida en entidad espiritual... La meditación es un medio para el conocimiento suprasensible".

30. Una biografía espiritual personal. Una persona comienza an experimentar la independencia en su vida espiritual.

La importancia de la selección independiente de ejercicios es aún mayor cuando se trata de la implementación y el desarrollo de las propuestas de práctica individuales. La Antroposofía se basa en la fantasía independiente del discípulo, quien al seguir los pasos se convierte en un fiel detector de lo que es espiritualmente apropiado y lo que no lo es. En la era del individualismo y la libertad, cada uno debe buscar su propio camino dentro de las regularidades espirituales, ya que depende de condiciones individuales del destino.

Si alguien opta por caminos alternativos regulados por fuentes externas, debido a que no recibe las instrucciones detalladas de Steiner o espera que un maestro le determine sus pasos individuales, en realidad está buscando an una autoridad debido a la falta de valor para su propia evaluación. El antropósofo experimentado también es consciente de la importancia de tener un maestro espiritual que le pueda indicar directamente lo que debe hacer en el futuro.

Aunque al principio puede resultar desconcertante esta libertad, uno siempre aprenderá an amarla con el tiempo.

Rudolf Steiner destaca que cualquier persona puede iniciarse en el camino del discipulado espiritual sin tener un maestro físico, a pesar de haber acompañado a muchos discípulos personales en los primeros años de su actividad espiritual. En el prólogo de la octava edición del libro titulado "¿Cómo se logra obtener el conocimiento de los mundos superiores?" Lee: 31

Cuando se parte de la obligación de hacerla, cada meditación se ve perjudicada.

32 (Rudolf Steiner, Georgia 316)

Los componentes esenciales de una vida meditativa

¡Que este libro sea considerado como un diálogo entre el autor y el lector! Si se ha dicho que el discípulo necesita instrucción personal, interprétese en el sentido de que este libro en sí mismo es tal instrucción personal. Page 186 En la época del egoísmo, es necesario difundir ampliamente los enfoques y técnicas. Un medio predominante para esto es la publicación, específicamente el libro. De esta manera, se brinda a cada individuo la oportunidad de avanzar por sí mismo hacia los conocimientos superiores. En un capítulo posterior se demostrará que aquellos que se han decidido por este camino se pueden apoyar mutuamente y de manera fructífera según el grado de experiencia.

¿Por Qué Se Necesita La Meditación? La Libertad Y La Respuesta A Las Crisis

Vivimos en un mundo acelerado. La inmediatez y/o los resultados a corto plazo son la base de nuestra comprensión del mundo. En un entorno cambiante y rápido, las expectativas de cumplimiento de las demandas de nuestras necesidades, objetivos y propósitos son muy altas. Si nuestras expectativas no se cumplen en el plazo o simplemente no se cumplen, esto genera un alto nivel de respuesta, lo que provoca estrés, tensión y frustración.

La globalización ha aumentado nuestra exposición al medio ambiente. Los medios de comunicación, la radio, la televisión, la prensa, internet y, en particular, las redes sociales han ayudado an expandir nuestro entorno y exponer nuestro espacio personal. El impacto físico, mental y emocional ha aumentado hasta niveles que a menudo superan nuestra capacidad de manejar. Solo hay que observar las discusiones que ocurren en cualquier grupo de WhatsApp, que incluso pueden llevar a la pérdida de respeto mutuo.

Los efectos de los niveles de respuesta de nuestro entorno no se separan de otros factores externos que también tienen un impacto significativo. Estos efectos generan respuestas mentales y, en particular, emocionales, que tienen un impacto en nuestra salud. La calidad de vida disminuye con la pérdida de los equilibrios homeostáticos.

La principal causa de enfermedad es el estrés. Según estudios en España, el 53 % de los adultos con estrés tienen una enfermedad física, problemas psicológicos o emocionales[1]. Se ha publicado que más del 70 % de los problemas físicos o emocionales son causados por la familia, y casi el 50 % son causados por la economía. En un 68% de los casos, la adicción a las nuevas tecnologías es una causa de enfermedad.

La pérdida de autocontrol y la calidad de vida aumentan como resultado de la falta de actuación consciente en la mejora de hábitos cotidianos de prevención.

El insomnio, causado por los altos niveles de estrés, es el principal problema de los miembros de las empresas y organizaciones. Los cuadros de angustia, miedo, adicciones y falta de perspectiva aparecen. Bajo este nivel de carga, los profesionales experimentan una pérdida significativa de energía y una disminución de funciones cognitivas como la atención, la concentración, la capacidad de aprender, así como una disminución o alteración de sus funciones de habla y escritura [2]. La ansiedad y el estrés laboral se han convertido en la mayor pandemia del siglo XXI. Las organizaciones deben fomentar modelos de prevención3.

A nivel social, la oferta de trabajo es mayor que la demanda. Hay 16,5 candidatos disponibles para cada puesto3. Además, las demandas del mercado y la necesidad de obtener u ofrecer ventajas competitivas para acceder a puestos específicos requieren un alto nivel de capacitación de los profesionales. El aumento de la competencia y la disminución de los ingresos como resultado del exceso de oferta, impulsado por la globalización, dificultan el acceso y la permanencia en una organización.

Para muchas personas de nuestra sociedad, las crisis sanitarias, económicas o geopolíticas empeoran aún más la situación insostenible.

situaciones que provocan un aumento en los costos de vida.

La sociedad se enfrenta an una gran deuda personal debido an un consumismo irracional que ha llevado a la creación de necesidades superfluas, lo que ha llevado a la acumulación de tantos escenarios negativos. La satisfacción de nuestros apetitos y deseos suele ser difícil y costosa. En gran medida, debido a la escasez de recursos, que resulta de los exigentes requerimientos de acceso y la falta de estabilidad en el mercado laboral. En esta situación, la sociedad se ve afectada por la carga de cumplir con los compromisos financieros, lo que genera conflictos en familias y grupos. El desequilibrio y la enfermedad aparecen.

Los estados mismos están en bancarrota. Su propio PIB está por encima de su deuda. Los ciudadanos se sienten más presionados por la carga fiscal. La destrucción de empresas es más importante que la creación de nuevas ideas.4. El mercado laboral se está volviendo cada vez más automatizado debido a las tecnologías basadas en inteligencia artificial.

Todo esto se suma al drama del desempleo juvenil (mayo 2020 an abril 2021), que roza el 40% entre menores de 25 años, siendo mayor entre las mujeres 42% y mayor entre los hombres 39 %.5. Las familias se sienten tensas debido a la falta de perspectiva de futuro y al retraso de la propia emancipación, ya que deben mantener a sus hijos en edad productiva que no encuentran trabajo y deben soportar una mayor carga financiera.

La presión de los compromisos adquiridos, la falta de estabilidad y las opciones nos hacen perder confianza en nosotros mismos. La destrucción de los valores, la corrupción en las instituciones, la falta de transparencia, la degradación de los valores democráticos, la manipulación de la información, el recorte de libertades y los abusos de poder nos llevan a pensar que estamos ante un cambio de orden en la sociedad y la consecuencia de una pérdida de confianza global. La ética y la moral caen en el abismo del absurdo. El pasado y el futuro se suceden continuamente y nos atrapan perdidos en el ciclo infinito de la rueda del hámster.

La crisis personal surge: ¡no puedo seguir así!

Algunos se retiran. Algunas personas deciden mudarse an otros países. En cualquier situación, surge la imperiosa necesidad de detener el ritmo, disminuir el nivel de ruido ensordecedor del sistema de vida que se ha contraído, y la importancia crucial de hallar un lugar donde poder reencontrarse y conectarse con la esencia de nuestra existencia. ¿Cuál es el propósito de todo esto?

En esencia, meditar significa cerrar los ojos y enfocar nuestra atención en el silencio de la conciencia. Reducir el nivel de actividad interna y externa se conoce como meditación.

Más adelante, analizaremos y detallaremos las profundas y vastas consecuencias de este acto.

La meditación es una estrategia poderosa para lidiar con situaciones difíciles. ¿Por qué se necesita meditar? para encontrar y cultivar un estado personal de tranquilidad y plenitud. Porque cuando estamos en paz, comenzamos a disfrutar de la vida.

Cuando la mente consciente transciende todos los niveles de actividad y se asienta en un silencio profundo e infinito de la conciencia, se experimenta un estado de paz interior. El cuerpo se relaja profundamente a la vez. Desde este nivel, podemos desarrollar nuestro potencial creativo subconsciente y aliviar el agotamiento y el estrés acumulados. Nos encontramos en un estado de máxima alerta, total percepción y conciencia plena mientras nos encontramos en un estado de profundo descanso.

Pero lo que realmente distingue a la meditación es que crea estados de libertad superiores. Transcendemos el pasado y el futuro mientras mantenemos la mente en el presente. La rueda del hámster, la destrucción de la rueda del tiempo continuo. La meditación nos libera del ciclo en el que vivimos. Nuestro punto de vista sobre la realidad cambia, y el enfoque del momento nos permite concentrarnos en los problemas y encontrar una, varias o la solución final.

Cuando cierro los ojos, tengo la sensación de que mi mente se encuentra en un estado de budismo, un falso vacío de conciencia. La mente se convierte en un estado de conciencia completa. El tiempo y el espacio desaparecen. El pasado y el futuro se están desvaneciendo. Un silencio mental, una calma superior, surge. La mente se abre y percibimos una claridad vibrante y cristalina. Un fuerte sentimiento físico de libertad, felicidad y salud surge espontáneamente de una onda de enorme plenitud y gozo interior, que penetra hasta el nivel celular.

La verdadera magia ocurre cuando abro los ojos y salgo de la meditación. Se purifica la mente. Mi respuesta es más tranquila. Existe una separación de los escenarios cotidianos. Observo las situaciones con perspectiva. La vida avanza an un ritmo más lento. Me da tiempo para reflexionar. Mi toma de decisiones mejora y mi creatividad fluye sin esfuerzo.

Otro aspecto que surge es el desapego. Este es un punto crucial. Tener una mente libre de pensamientos, sentimientos y emociones. Poder expresarte a la vez que no te sientas sujeto a tus propias palabras. No requerir el reconocimiento de otros. Ser únicamente uno mismo.

El desapego de todo y de todos es la base del empoderamiento personal. No se refiere an abandonar nuestro estilo de vida, sino a no adherirse an él. El sentimiento de libertad equivale al desapego.

El poder de la meditación radica precisamente en este punto. Por lo tanto, es un acto libre de condicionamientos y restricciones. El derecho de nacimiento pertenece al individuo. Es una acción personal. El poder de la naturaleza que está en la base de tu vida te conecta. Las leyes de la naturaleza rigen tu vida y todo el universo. No tienes necesidad de nada ni de nadie. No hay dependencia. Nadie ni nada puede controlarte. Cuando cierro los ojos y reflexiono, es el momento más auténtico que he tenido en mi vida. Es tu momento. Tu encuentro personal con la realidad.

La meditación te permitirá sentirte libre. Devolverá la autoridad a la persona.

Todas las respuestas están en ti. Debido a que ese es el objetivo principal de la meditación. Nos conecta con la inteligencia creativa de la ley natural, que es la fuente de nuestra existencia. Esa es la capacidad de nuestro cerebro y nuestra mente. Debido a que ha sido diseñado y desarrollado en función de los componentes de construcción de la vida. Las leyes de la naturaleza que crean y sostienen el planeta o el poder del sol son las mismas que crean y sostienen nuestra existencia. La fisiología de nuestro cuerpo refleja y imprime el infinito poder organizador de la Naturaleza. La inteligencia creativa de la naturaleza puede ser tocada y despertada por nuestra mente y nuestro cerebro. Requiere método y desarrollo de habilidades para llevar a cabo este proceso de manera precisa y sistemática.

El término "meditación" en realidad se refiere an una o varias técnicas que, de manera sistemática, permiten que la mente se asiente en un estado de silencio infinito de la conciencia en estado puro. Un estado de mente tranquilo, tranquilo y en expansión que se transforma en una plena conciencia de sí mismo. Romper el equilibrio del poder y desatarlo es lo que significa observar la conciencia en estado puro. Nuestro interior está experimentando una explosión nuclear de la inteligencia creativa.

Ahí es donde nuestra mente consciente se impregna de las características de la sabiduría eterna de la ley natural, donde surge la inteligencia creativa y donde se despliega el poder de la transformación. Los valores y habilidades de la claridad, la energía, la creatividad, la innovación, la serenidad y las respuestas inteligentes a nuestros retos se desarrollan y potencian.

Nuestra vida está en nuestras manos. No podemos distinguirlo porque está tan cerca. Reside en la tranquilidad de nuestro secreto. La denominamos "Consciencia Cósmica".

Cuando cierro los ojos, puedo ver con claridad. El distinguido R. M. Bucke también lo expresa de esta manera:

Junto con la elevación moral y la iluminación intelectual surge lo que se debe denominar un sentimiento de inmortalidad, a falta de un término más adecuado. No es una experiencia como el aprendizaje de algo nuevo, ni una convicción intelectual como la solución de un problema. Es mucho más sencillo y básico, y podría ser mejor en comparación con la certeza de la individualidad distinta que cada uno posee, que viene con y pertenece a su conciencia.

Escrito En La Ciudad De Carnuntum.

1. Es importante considerar no solo que se gasta dinero en la vida diaria y que queda un saldo menor, sino también que si se vive más tiempo, es poco probable que el intelecto permanezca igual, aún capaz de comprender los eventos y la fantasía que ayuda a comprender tanto las cosas divinas como las humanas. Si la mente comienza a decaer, no habrá fracaso en las funciones como la transpiración, la nutrición, la impresión del sentido y el deseo; sin embargo, si nos empleamos correctamente, seamos precisos en cuanto a los elementos relacionados con el deber, analicemos las indicaciones del sentido para saber si ha llegado el momento de despedirse de la vida, y todas las cuestiones del tipo que requieren especialmente un juicio entrenado, se extinguen antes que el resto. En consecuencia, es necesario continuar, no solo porque nos acercamos

cada vez más a la muerte, sino también porque la capacidad de aprehensión de los acontecimientos y la capacidad de adaptarnos an ellos comienzan a disminuir antes del final.

2. Debemos también prestar atención an estos aspectos, ya que incluso los efectos negativos de los procesos naturales tienen cierta atracción y encanto. En ocasiones, el horneado del pan presenta grietas que llaman la atención y estimulan nuestro deseo de comer. Los higos se aburren cuando están totalmente maduros, y en las aceitunas maduras, su propio acercamiento a la descomposición agrega una cierta belleza propia al fruto. La frente arrugada del león, la espuma que fluye de la boca del jabalí, las orejas de maíz cuando se doblan hacia abajo y muchas otras características que están lejos de ser hermosas si las miramos aisladas, lo hacen porque siguen procesos naturales que les dan un adorno adicional y una fascinación. De esta manera, si un individuo posee una

comprensión y una comprensión más profunda de los procesos del Universo, aunque es difícil encontrar uno, de alguna manera parecerá que se le presenta de manera agradable, incluso en situaciones concomitantes. Un individuo de esta naturaleza disfrutará más al observar las mandíbulas de animales salvajes que al observar las representaciones de pintores y escultores, y podrá apreciar en una anciana o anciano una sensación de vitalidad y juventud, y podrá admirar con humildad los encantos de sus propios niños esclavos. Y habrá muchas experiencias de este tipo que no convencerán a todos, pero que solo se le ocurrirán a alguien que se ha familiarizado genuinamente con la naturaleza y sus obras.

3. Después de curar muchas enfermedades, Hipócrates se enfermó y falleció. Los astrólogos caldeos predijeron la muerte de muchas personas, y la hora del destino también llegó para ellos. Después de arrasar

numerosos pueblos y matar a muchas personas a caballo y a pie en el campo, Alejandro, Pompeyo y Julio César decidieron retirarse un día de su vida. Después de meditar sobre el fuego que debería consumir el cosmos, Heráclito se vio inundado por la hidropesía, se empapó de estiércol de vaca y falleció. Demócrito fue asesinado por la codicia; Sócrates fue asesinado por la codicia. ¿Cuál es la lección moral? Te embarqué, te dirigiste hacia el mar y finalmente alcanzó el puerto. Baje a la tierra: si llega an una segunda vida, no hay dioses vacíos, ni siquiera en ese otro mundo; pero si llega a la inconsciencia, dejarás de sufrir dolores y placeres y de ser el sirviente de una nave terrenal tan inferior como lo que le sirve es superior; porque uno es mente y deidad, el otro es arcilla y sangre.

4. No desperdicies el equilibrio de tu vida pensando en otras personas, cuando no te refieres a ninguna ventaja de tus semejantes -porque por qué te robas algo que podrías hacer-, quiero

decir si te imaginas lo que hace y por qué; lo que dice o piensa o planea, y cada pensamiento que te lleva a desviarte de la vigilancia estrecha sobre tu autogobierno.

En lugar de pensar de manera casual y sin propósito, es mejor evitar la curiosidad y la maldad en tus pensamientos. Si alguien te preguntara de repente: "¿Qué estás pensando ahora?", responderías con franqueza algo o algo, lo que indicaría que eran pensamientos de una persona social que no considera los placeres personales.

Un hombre que no demore más en ser elegido es seguramente un sacerdote y ministro de los dioses, empleando correctamente lo que está sentado dentro de él, lo que hace que el simple mortal no sea manchado por los placeres, sin ser tocado por ningún mal, inconsciente de cualquier maldad; un luchador en la mayor competición de todas, que no sea derrocado por ninguna pasión; teñido de justicia hasta la médula, acogiendo con todo

También recuerda que todos los seres razonables son similares an él, y que aunque cuidar de todos los hombres está de acuerdo con la naturaleza humana, no se aferra a la opinión de todos los hombres, sino sólo de los hombres que viven de acuerdo con la Naturaleza. En efecto, recuerda continuamente cómo son los que no viven de acuerdo con la Naturaleza, en sus casas y en el extranjero, de noche y de día; qué

No actúes de mala gana ni egoísta, ni sin examinarse a sí mismo, ni con motivos divergentes. No dejes que ninguna influencia empañe tus pensamientos. No seas un hablador ocupado ni un entrometido. Además, que el Dios interior guarde an un hombre de verdad, un hombre de edad madura, un estadista, un romano, un magistrado, que ha tomado su puesto como uno que espera que suene el Retiro, listo para partir sin necesidad de juramento ni de ningún

6. Si descubres en la vida del hombre algo más elevado que la justicia, la verdad, la templanza, la fortaleza y, en general, que tu entendimiento contento consigo mismo, donde te presenta comportándote por la regla del derecho, y satisfecho con el destino, en lo que se te asigna y no te corresponde elegir; si, digo, ves algo más elevado que esto, acude an ello con todo tu corazón y disfruta del bien supremo ahora que lo encuentras. Pero si no se revela nada más elevado que la misma divinidad asentada dentro de ti, subordinando tus impulsos privados a sí misma, examinando tus pensamientos, habiéndose retirado, como decía Sócrates, de los sentidos-afectos, y subordinándose a los dioses y haciendo de los hombres su primer cuidado; si encuentras que todo lo demás es más pequeño y más barato que esto, no le des espacio a nada más, a lo cual una vez que te inclines y te vuelvas, ya no tendrás el

poder sin lucha de preferir en honor lo que es tuyo, tu bien peculiar. Porque no es justo establecer un rival de otra clase para el bien de la Razón y de la Mancomunidad; el elogio de la multitud, por ejemplo, o el lugar o la riqueza o la indulgencia placentera. Todo esto, aunque parezca por un momento estar de acuerdo, de repente gana la maestría y se lleva an un hombre. Entonces, digo, simplemente y por tu propia voluntad, escoge lo más alto y aférrate a eso. Pero lo más elevado es lo que nos conviene; si nos conviene an un ser razonable, manténgalo, pero si nos conviene an una mera criatura animada, dígalo y conserve su decisión sin desfallecer; sólo procure hacer una elección que no le traicione.

Un hombre que pone en primer lugar su propia mente, su divinidad y los ritos sagrados de su excelencia, no hace ninguna escena, no pronuncia ningún gemido, no necesitará el refugio de la soledad ni las calles abiertas a la gente, nunca valore como ventaja para usted lo que le obligará un día a faltar a su palabra, an abandonar el respeto de sí mismo, an odiar, a sospechar, an execrar a

En la comprensión de un hombre de espíritu castigado y purificado no encontrarás ningún rastro de herida supurante, ninguna ulceración, ningún absceso bajo la piel; la hora del destino no sorprende a su vida antes de su cumplimiento, de manera que se diría que el actor abandona el escenario antes de haber cumplido su papel, antes de que la obra termine. No encontrará nada servil ni artificial, ni dependencia de los demás ni separación de ellos; nada de lo que tenga que

9. Reverencie su facultad de juicio; sobre esto descansa enteramente que vuestro gobernante ya no tiene un juicio desobediente a la naturaleza y al estado de un ser razonable; este juicio promete deliberación, amistad familiar con los hombres y seguir el camino de los dioses.

Entonces, dejad todo lo demás an un lado y retened solo estas pocas cosas; recordando al mismo tiempo que cada uno de nosotros vive solo en el presente, este breve momento; lo demás es o una vida pasada o un futuro incierto. Poco importa la vida de cada uno, el rincón de la tierra en el que vive, la fama más larga en el más allá, e incluso la que depende de una sucesión de pobres mortales que pronto morirán y no han aprendido a conocerse

11. A los apoyos anteriores se añade uno más. Haced siempre una figura o un contorno del objeto imaginado cuando se produzca, para ver claramente lo que es en su esencia, desnudo, en su conjunto y en sus partes; y deciros a vosotros mismos su nombre individual y los nombres de las cosas de las que se ha compuesto y en las que se va a descomponer. Porque nada es tan capaz de crear grandeza de mente como el poder metódico y verdadero de probar cada cosa que se encuentra en la vida, y siempre mirarla para atender al mismo

tiempo al uso que esta cosa particular contribuye an un Universo de cierta clase definida, qué valor tiene en referencia al Todo, y qué para el hombre, que es un ciudadano de la Ciudad más alta, de la cual todas las otras ciudades son como hogares. ¿Qué es esto que ahora crea una imagen en mí, cuál es su composición? ¿Cuánto tiempo continuará naturalmente, qué virtud es de utilidad para cumplirlo; por ejemplo, la dulzura, la fortaleza, la verdad, la buena fe, la sencillez, la confianza en sí mismo, y el resto? Por lo tanto, en cada caso, debemos decir: esto ha venido de Dios; esto por la coordinación real de los acontecimientos, la complicada red y la coincidencia o casualidad similar; esto también de mi prójimo, mi pariente, mi camarada, pero uno que no sabe lo que es natural para sí mismo. Pero yo sí lo sé; por lo tanto lo uso amable y justamente, según la ley natural de la comunión, apuntando, sin embargo, al mismo tiempo a su desierto, donde la cuestión es moralmente indiferente.

Si termináis esta obra siguiendo la regla del derecho, sinceramente, con todas vuestras fuerzas, con bondad y sin admitir ningún asunto secundario, conservando vuestra propia divinidad pura y erguida, como si tuvieseis este momento para restaurarla; si la aseguráis sin esperar nada y sin evitar nada, pero conteniéndoos con la acción presente de acuerdo con la Naturaleza y con la verdad heroica en lo que queréis decir y manifestar, viviréis la vida básica.

Así como los médicos siempre tienen a mano sus instrumentos y bisturís para hacer frente a las demandas repentinas de tratamiento, así tenéis vuestras doctrinas preparadas para reconocer lo divino y lo humano, y así hacer todo, incluso lo más pequeño, como consciente del vínculo que une lo divino y lo humano; porque no haréis ningún acto bueno que concierna al hombre sin referirlo a lo divino.

Apresúrate entonces a la meta, deja de lado las esperanzas ociosas y ven en tu propia ayuda, si es que te preocupas por ti mismo, mientras puedas, y no os apartéis más de vuestro camino, porque no es probable que leáis vuestros cuadernos o vuestras obras de la antigua Roma y Grecia o vuestros extractos de sus escritos, que habéis guardado para la vejez.

15. No han aprendido a comprender las múltiples significaciones del robo, la siembra, la compra, el descanso y la comprensión de lo que debe hacerse, ya que esto no depende del ojo del cuerpo, sino de una visión diferente.

16. Cuerpo, espíritu vital, mente: del cuerpo, percepciones de los sentidos; del espíritu vital, impulsos; de la mente, doctrinas. Ser impresionado por imágenes pertenece también a las bestias del campo, ser influenciado por las cuerdas de impulso a las bestias salvajes, a los hombres que pecan contra la naturaleza, an un Falaris o an un Nerón. Tener la mente como guía de lo que parecen ser deberes pertenece

también a los hombres que no creen en los dioses, que traicionan a su propio país, que hacen todo y cualquier cosa una vez que han cerrado sus puertas. Si entonces todo lo demás es común para vosotros con los que he mencionado, sigue siendo la marca peculiar del buen hombre el amar y acoger lo que le ocurre y es el hilo que el destino hace girar para él; no ensuciar la divinidad sentada en su seno ni inquietarla con una multitud de imaginaciones, sino preservarla y propiciarla, siguiendo a Dios con orden y sabiduría, no pronunciando ninguna palabra contraria a la verdad, no haciendo ningún acto contrario a la justicia. Y si todos los hombres no creen que vive simple, modesta y alegremente, no se enfada con ninguno de ellos ni se desvía del camino que lleva a la meta de su vida, a la que debe llegar, pura, pacífica, lista para partir, sin esfuerzo, de acuerdo con su propio espíritu de nacimiento.

Primeros Pasos Hacia La Meditación En El Sueño

Un método para ayudarlo a dejar de lado los pensamientos preocupantes y relajar su cuerpo antes de irse a la cama es la meditación guiada del sueño. Esta práctica implica alejar tu atención de tus pensamientos y concentrarte en los sentimientos de tu cuerpo, al igual que otros métodos de meditación. Se ha demostrado que la práctica regular de la meditación guiada del sueño mejora el sueño, por lo que este método es una estrategia crucial que puede usar para ayudar a lidiar con los desafíos de conciliar el sueño y permanecer dormido.

Alrededor del 30 % de los adultos experimentan insomnio temporal, mientras que alrededor del 10 % experimenta problemas persistentes para quedarse dormido o permanecer dormido, según la Asociación Estadounidense del Sueño. horas de sueño diarias. No es una sorpresa que las técnicas para mejorar el sueño sean cada vez más conocidas, ya que los adultos necesitan de 7 a 9 horas de sueño para funcionar mejor, mientras que los adolescentes necesitan muchas más (8 a 10 horas).

Dormir mejor puede reducir el estrés y fortalecer el sistema inmunológico del cuerpo. Sin embargo, puede ser difícil conciliar el sueño si estás luchando contra la tensión y la ansiedad; puede ser difícil silenciar tu mente. Muchas preocupaciones sobre el sueño comienzan con cómo piensa durante la noche. La meditación guiada del sueño puede ayudar en este caso.

La meditación guiada del sueño implica, en términos básicos, practicar la meditación antes de dormir, generalmente mientras está acostado en la cama. La práctica de la meditación del sueño dirigida requiere que escuches una grabación de audio que te guíe a través de los pasos de la meditación guiada del sueño, aunque puedes practicarla solo.

La meditación guiada del sueño tiene como objetivo reducir el impacto de los pensamientos inquietantes y la tensión en su cuerpo durante el sueño. Comenzará a ver mejoras en su capacidad para conciliar el sueño y permanecer dormido al aprender a cambiar su enfoque y relajar su cuerpo.

Ventajas

La meditación te ayuda a concentrarte en lo que está sucediendo en este momento. Es probable que comiences a concentrarte en los pensamientos que reprimiste durante el día si apoyas la cabeza en la almohada durante la noche. Puede ser difícil controlar los pensamientos desordenados que pueden causar ansiedad y depresión si no hay distracciones externas.

La meditación guiada del sueño le permite dejar de lado los pensamientos estresantes y descansar su mente. Como resultado, esto activa el sistema nervioso parasimpático, lo que reduce el ritmo cardíaco y la frecuencia respiratoria de su cuerpo. Estos cambios lo prepararán para dormir; incluso podría quedarse dormido mientras medita.

Es importante recordar que la meditación guiada por el sueño no se trata de obligarte a dormir. Un beneficio secundario de la práctica, cuyo objetivo es relajar el cuerpo y la mente, debe ser el sueño.

Además, debería experimentar los beneficios de la práctica guiada del sueño durante el día, ya que dormir lo suficiente por la noche está relacionado con cómo se siente durante el día.

Una de las mejores meditaciones guiadas para dormir incluye seguir una guía de audio que puedes escuchar en un pequeño altavoz al lado de tu cama o en auriculares. El objetivo es dejarte llevar por la voz de la grabación en lugar de pensar demasiado en lo que estás haciendo.

Saltar a la meditación y seguir las indicaciones será mucho más fácil con el tiempo. Por lo tanto, no renuncies demasiado pronto si al principio encuentras que no puedes relajarte o relajarte al meditar.

Pasos: Si desea participar en una meditación dirigida, busque una grabación de audio como las que ofrece UCLA.

A través de lo que se conoce como "escaneo corporal", una

meditación de sueño guiada regular hará que desvíes tu atención de tus pensamientos preocupados hacia tu cuerpo. En realidad, esto significa centrar tu atención en los sentimientos corporales en lugar de los pensamientos.

Se moverá a través de todas las partes de su cuerpo, desde la cabeza hasta los dedos de los pies, mientras medita, experimentando diversos sentimientos como pesadez, estrés, hormigueo, temperatura y tensión. Se le indicará que respire en cada parte del cuerpo para relajarse y liberar la tensión.

Además, se le pedirá que deje que sus pensamientos preocupantes (o cualquier pensamiento que tenga) fluyan junto a usted, como si fueran nubes en el cielo o hojas en un río. Al hacer esto, su cuerpo se relajará y se relajará, y respirará más profundamente.

Además del examen físico, la meditación guiada por el sueño puede incluir:

Ejercicios de respiración: se le puede pedir que cuente mientras inhala y exhala, lo que permite que su cuerpo disminuya la velocidad y le diga que es hora de dormir.

Visualización: Imaginar una escena tranquila te ayudará an entrar en un estado de trance, similar al que se produce durante el proceso de hipnosis.

Agradecimiento: una meditación centrada en la gratitud lo ayudará an enfocarse en ser agradecido y sentir compasión amorosa por sí mismo.

Investigar

Un estudio de 2015 publicado en JAMA encontró que la meditación consciente mejoraba el sueño de 49 adultos mayores más que los tratamientos de higiene del sueño.

Se utilizó la práctica de conciencia plena (MAP) durante seis semanas, dos horas por semana.

Además, se descubrió que los hallazgos sobre el sueño contribuyeron a los problemas diurnos, lo que resultó en una disminución de la depresión y el cansancio. El estudio sugiere que la meditación guiada del sueño podría ser más efectiva que la higiene del sueño por sí sola (es decir, irse a dormir an una hora determinada cada noche sin usar dispositivos electrónicos antes de acostarse). Sin embargo, este es un estudio preliminar y limitado.

Salud del sueño.

Además de la meditación guiada del sueño, estos son algunos métodos básicos para mejorar su calidad del sueño:

Limite el uso de dispositivos de luz azul, como teléfonos celulares y sistemas informáticos, en la última hora antes de acostarse.

Ve a dormir cada noche a la misma hora y oblígate cada mañana a la misma hora.

Compra una luz especial que parezca la luz del sol para ayudarte a despertarte an una hora específica.

Si realmente necesita acostarse a horas inusuales, use persianas oscuras para oscurecer su habitación.

Mantenga la temperatura de su habitación más fría para dormir mejor.

Minimice el sonido de su dormitorio además del sonido blanco.

Debe beber entre 6 y 8 vasos de agua al día.

Hacer ejercicio regularmente, como caminar o hacer yoga.

Use pijamas de algodón que sean cómodos y transpirables.

Antes de acostarse, escriba gratitud en un diario.

Si sufre de trastornos del sueño, la meditación dirigida al sueño puede ser útil. Además de practicar la meditación, asegúrese de mantener una rutina de higiene del sueño para lograr un sueño relajante. Si continúa experimentando ansiedad por la noche, el tratamiento tradicional, como la terapia cognitivo-conductual o la medicación, podría ser beneficioso.

Los Pensamientos

Este tema es crucial porque somos lo que pensamos, no lo que deseamos o creemos ser. Debido an esto es

Mantener una mentalidad saludable es crucial.

En los Estados Unidos, se ha observado que más del 90 % de los pensamientos de las personas son negativos en general, según estadísticas. En otras palabras, se observa una clara inclinación de la mente hacia lo negativo. Es indudable que esto va en contra de la naturaleza. En otras palabras, la mente no fue creada de esa manera, sino todo lo contrario. Nuestra ignorancia es la razón por la cual cometemos acciones que nos conducen a las malas inclinaciones, las influencias del entorno, etc., que ensucian nuestra mente con capas que la oscurecen y que debemos limpiar, especialmente con la meditación. De esta manera, podemos recuperar nuestra mente maravillosa, que, según Buda (Siddharta Gautama Sakyamuni), contiene todas las virtudes en estado puro.

Los pensamientos negativos agobian, agobian y desestabilizan la mente, lo que resulta en una actuación lenta, torpe y nerviosa. Los pensamientos de preocupación y miedo nos desestabilizan y nos llevan an actuar de manera inadecuada. No estás de acuerdo con las leyes universales, lo que causa daño tanto a ti como a los demás. Eliminan lo positivo y nos llevan a la tristeza, la pesadumbre y el desasosiego; además, son muy dañinos para nuestra salud, ya que su energía destructiva comienza por lastimarnos a nosotros mismos...

Los positivos generan lo opuesto. Aumentan nuestra eficacia en todos los aspectos, incluida nuestra capacidad mental. Los pensamientos positivos, alegres, positivos y optimistas mejoran la salud.

Es importante destacar que alcanzar una meditación profunda será extremadamente difícil si no tenemos una mente llena de pensamientos positivos. Es por eso que debemos controlarlos y evitar que nos dominen y nos arrastren, ya que es lo opuesto. Los crearemos de forma consciente desde nuestro Ser. Mientras nuestros cuerpos físico, emocional y mental no están totalmente guiados por nuestro Ser, estos funcionan por su cuenta. Al crear su elemental propio, nos identificamos con ellos y seguimos sus querencias de tal manera que perdemos nuestra libertad, y así ellos nos dominan en vez de ser nosotros quienes los dominemos y dirijamos.

El autoconocimiento es la solución a todo esto. Según la leyenda del Oráculo de Delfos, "Conócete a ti mismo y descubrirás el mundo". El autoconocimiento, que requiere el estudio y la meditación como herramientas esenciales para alcanzarlo, nos permitirá distinguir entre lo que desea nuestro Ser, lo que desea nuestro cuerpo físico, lo que desea nuestro cuerpo astral o emocional y lo que desea nuestro cuerpo mental. En cualquier situación, debemos hacer una pregunta a nuestro Ser sobre lo que desea y luego hacerlo realidad.

La felicidad es el mayor anhelo de las personas. En general, los occidentales buscan la felicidad en el extranjero. Por lo tanto, si queremos ser felices, podemos intentar comprar el automóvil de nuestros sueños, ya que creemos que tenerlo nos traerá la felicidad. Debido an esto, deseamos un trabajo diferente, vivir en un chalet, tener una pareja específica, etc. Sin embargo, nuestra sorpresa surge cuando nos damos cuenta, generalmente después de un gran esfuerzo, que lo que hemos logrado es solo un sueño temporal, y que enseguida nos invade la insatisfacción constante y el vacío que parece nunca llenarse.

La mayoría de las personas llevan una vida llena de cambios y compras constantes, pero poco a poco nos damos cuenta de que la felicidad verdadera está en nuestra mente y se origina en nuestra actitud y pensamiento hacia el mundo exterior, en lugar del mundo en sí mismo, según Swami Sivananda.

Los pensamientos determinan si somos felices o infelices. Nuestra forma de pensar forma nuestra vida. Al principio no nos damos cuenta de que esto es así, pero a medida que avanzamos en la meditación y el estudio de la mente, nos damos cuenta.

Somos quienes somos.

Nuestro Ser se identificará con nuestros pensamientos y los hará realidad: piense que es amable y será amable. Solo nuestra mente decide lo que es bueno y lo que es malo. El sufrimiento no existe con independencia de nosotros mismos, se debe an una falta de comprensión. Es la interpretación que hacemos de nuestra mente lo que hace que las cosas o las circunstancias sean buenas o malas. Un ejemplo para explicar esto es el siguiente: un puesto de trabajo determinado puede hacer que una persona sea feliz y otra triste. No es el trabajo en sí muy bueno o muy malo, sino que dependiendo de la mente de la persona, será considerado magnífico o difícil. Los pensamientos que tenemos no solo afectan a los demás, sino que también afectan nuestra vida. En el transcurso de nuestra vida, llega un momento en el que somos conscientes de la responsabilidad de nuestros pensamientos; cuando creíamos que era al contrario, creíamos que las circunstancias eran las dueñas de ellos. Ahora sentimos que somos los dueños, los responsables de si son negativos o positivos; y podemos cambiarlos de un lado al opuesto porque podemos elegir cómo queremos que sean; por lo tanto, no necesitamos una vida diferente. Somos los creadores y escritores del guión de la película de nuestra vida. Una vez que comprendemos el gran poder del pensamiento, iniciamos nuestra exploración espiritual.

Conocemos y comprendemos nuestros pensamientos si queremos controlar nuestra mente.

El pensamiento es una energía poderosa que, una vez creada, tiene un impacto en nuestra vida y la de los demás. Los clarividentes espirituales nos enseñan que los pensamientos son objetos con ciertas cualidades: forma, tamaño, peso, color, textura y fuerza. Por lo tanto, perciben que

Un pensamiento amarillo es espiritual, mientras que un pensamiento rojo oscuro y afilado es de ira y odio.

De la misma manera que podemos dar o recibir algo, como una flor o una naranja, también podemos dar o recibir un pensamiento.

Según Swami Sivananda, un pensamiento es una fuerza viva y es bendecido tres veces:

1. o Beneficia al individuo que lo ha considerado.

2. o Beneficia a la persona en cuestión.

3. Por último, pero no menos importante, beneficia a toda la

humanidad al mejorar la salud mental general.

Y un pensamiento negativo es maldito tres veces: 1.o Afecta negativamente al pensador.

2. o No afecta lo que está pensando.

3. o Y, al final, afecta a toda la humanidad, afectando la atmósfera mental mundial.

Vivimos en un océano de ideas. La vibración que albergamos nos atrae. La ley conocida de la atracción. Los pensamientos actuales afectan nuestro cuerpo mental de la misma manera que afectan a los cuerpos mentales de los demás. Es la unión actualmente popular entre la ciencia cuántica y el budismo, lo que implica lo mismo que el Buda

Gautama y los sabios indios explicaron hace miles de años.

Solo traemos hacia nosotros lo que corresponde a la cualidad predominante de nuestros pensamientos. La similitud atrae. Cuando tenemos pensamientos negativos, atraeremos los pensamientos negativos de los demás. Y si producimos pensamientos positivos, atraeremos pensamientos positivos de los demás. Cada individuo transmite una energía finita. Nos gusta estar con algunas personas porque transmiten una energía positiva a los demás. Por otro lado, aquellos que son negativos o deprimidos absorben la energía del resto.

Es fundamental y necesario comprender cómo se desarrollan nuestros procesos de pensamiento para controlar nuestra mente y desarrollar pensamientos más positivos, lo que conducirá an una vida más plena y feliz.

La mente es como un CD, con impresiones y surcos como si fueran canciones grabadas, que se llaman samskaras en sánscrito. Cuando determinadas ondas de pensamientos o vrittis se vuelven habituales, estos samskaras se crean en nuestra mente. Por ejemplo, al pasar por una heladería y observar un delicioso helado de fresa en la vitri- na que se extiende hacia la calle, podemos tener la siguiente idea en nuestra mente:

¡Qué riqueza, lo adquiriré! Si ignoramos esto, ya que estamos conscientes de que la energía acompaña al pensamiento, y enfocamos nuestra atención en otra cosa, no se produce ninguna impresión. Pero si nos identificamos con el pensamiento y le damos vida, le damos vida a la impresión. Por lo tanto, adquirimos el helado y lo degustamos con entusiasmo. Imaginemos que visitamos la misma heladería dos veces por semana y recordamos el helado delicioso y compramos otro. Al principio solo un pensamiento, esa acción se ha convertido en un samskara. Los samskaras surgen cuando prestamos atención an algo y lo relacionamos con una sensación sensorial. Samskaras pueden ser positivos o negativos. Una de las metas de la meditación es eliminar los samskaras negativos y crear samskaras positivos.

Aprendemos que la repetición de pensamientos aumenta su fuerza y que cuanto más fuertes son, más pronto se materializarán. El samskara se arraiga profundamente en la mente si, por ejemplo, pensamos constantemente que somos gordos, tímidos o insuficientes. El samskara se hace más intenso a medida que repetimos el mismo pensamiento, y el poder real del pensamiento aumenta. Este poder hace que el pensamiento se convierta en acciones. Por ejemplo, nos damos cuenta de que comemos más, rechazamos la vida social e incluso podemos deprimirnos. Sin embargo, si creemos que somos excepcionales, seres humanos cariñosos, honestos, valientes, adaptables y amables...

Encontraremos que esas cualidades empiezan an aparecer en nuestras acciones. Cuando nuestra mente y corazón se abren, descubrimos el placer de vivir.

Si creemos en nosotros mismos como seres divinos que se encuentran en este planeta para adquirir las enseñanzas correspondientes y demostrar nuestra grandeza, no nos identificaremos con nuestra personalidad, ego o yo inferior, sino con nuestro Ser Esencial, Alma, Yo Superior, Yo Soy...

Igualmente, los pensamientos sobre nosotros mismos tendrán un impacto significativo en nuestras células. Es absurdo pensar mal de nosotros, ya que cuanto más limpio y positivo mantengamos nuestro pensamiento, mejores estarán nuestras células; lo mismo ocurre con lo contrario.

Con pruebas y experimentos, el científico japonés Masaru Emoto ha demostrado que al exponer el agua a diferentes palabras, sonidos, oraciones y pensamientos, los cristales de hielo se forman al congelarla. Dado que en su mayoría somos agua, nuestros pensamientos tienen una gran influencia en nuestro cuerpo.

Es evidente que, debido a que somos uno, cuanto mejor pensemos sobre nosotros mismos, mejor será para nosotros y para la humanidad en su conjunto, ya que somos uno.

Se ha descubierto que el cerebro es moldeable, como la plastilina, y podemos modificarlo para que nuestra mente sea como queramos. Según varias tradiciones espirituales, para llegar an este punto, es necesario meditar al menos dos horas y media al día. Al principio puede parecer algo diferente, pero una vez que lo practicamos cada día, nos daremos cuenta de que no es así. Además, si no practicamos la meditación, perderemos la misma importancia que comer. El dalái lama afirma que meditar cuatro horas al día es lo mínimo que debemos hacer. En resumen, comenzamos cada día con quince o veinte minutos. Por supuesto, si deseamos verdaderamente transformar nuestra mente en profundidad, será necesario meditar durante más tiempo gradualmente.

Después de conocer cómo funciona la mente en general, necesitamos conocerla en particular porque solo podemos transformarla una vez que hayamos descubierto cómo es y cuáles son sus pensamientos, y siempre que tomemos consciencia y estemos convencidos de que debemos cambiarla.

Uno de los mejores medios para conocernos es el diario espiritual, el cual nos brinda la oportunidad de estudiarnos y comprender nuestros pensamientos, emociones, tendencias y otros aspectos. Por lo tanto, al conocernos detenidamente, podremos determinar qué cambios necesitamos realizar.

Es fascinante observar a los demás sin juzgarlos. Valorar si hubiéramos actuado de la misma manera o no, lo cual también es beneficioso para el autoconocimiento.

Los pensamientos positivos deben dominar nuestra mente, y pensar en los opuestos es un instrumento muy útil para lograrlo. Se trata de reemplazar rápidamente un pensamiento negativo por uno positivo. Si nos acostumbramos an ello, la mente lo reproducirá automáticamente.

Además de lo mencionado anteriormente, es fascinante meditar de la siguiente manera: examinamos nuestra personalidad y notamos una característica que no nos agrada, como la irritabilidad que experimentamos con frecuencia. Nos situaremos tranquilamente y contemplaremos su contraparte: la tolerancia. Pensaremos en su valor y en cómo podríamos mejorar nuestra vida si tuviéramos más paciencia. Rememoraremos situaciones pasadas que nos resultaron catastróficas debido a nuestra falta de paciencia. Ahora que sabemos que tenemos poca paciencia y que es una virtud excelente que debemos tener en nuestra personalidad, pensaremos en nosotros mismos, nos visualizaremos como personas pacientes y terminaremos la meditación con esta afirmación:

Soy paciente, mi naturaleza es la paciencia y desde ahora la practicaré en todas las situaciones de mi vida.

Puede que no se aprecie esto hasta después de unos días de meditación, pero si perseveramos, cuando nos molestan las situaciones, nuestra mente evocará la idea de que la paciencia es una virtud.

Y continuaremos practicando.

En el futuro, adquiriremos paciencia a medida que la irritabilidad disminuya. Si continuamos practicando, la irritabilidad disminuirá gradualmente, convirtiéndose en una tendencia común que es la paciencia. El cambio que se produce en nuestra mente nos hará sentir felices. Podemos utilizar esta técnica para desarrollar todas las virtudes que deseemos, como la compasión, el autocontrol, la pureza, la humildad, la benevolencia, la generosidad, entre otras.

Además, reducir los deseos nos ayudará a tener una mente positiva.

La importancia de los deseos radica en su fuerza y importancia cuando se combinan con la imaginación. La mayoría de las veces, el deseo provoca más deseo, lo que forma un círculo vicioso que genera inquietud y codicia en nuestra mente. Y la insatisfacción causa frustración y ira.

Cuando surge un deseo improductivo en nuestra mente, debemos concentrarnos en otra cosa para evitar el samskara. La carencia es la base del deseo. Todos tenemos la necesidad de ser amados, al igual que todos tenemos miedo a la muerte. Debido al vacío interno que experimentamos como resultado de nuestra desconexión con el Ser, deseamos aquello que creemos necesitar para ser felices. Si realmente tuviéramos esta conexión, nada externo nos afectaría de manera significativa, ya fueran objetos, relaciones, comida o cualquier otra cosa. Debemos cambiar nuestra perspectiva y reconectarnos con la fuente del amor en nuestro corazón espiritual.

Según Krishnamurti, la verdadera libertad solo se puede alcanzar cuando seamos libres de nuestra mente.

Las afirmaciones y las visualizaciones son herramientas muy útiles para cambiar nuestra forma de pensar y lograr una mente positiva.

Imaginemos que deseamos cultivar la compasión. En las religiones de La India, como el hinduismo, el jainismo y el budismo, la compasión se compara con la caridad cristiana.

En nuestras actividades diarias, decimos mentalmente durante unos minutos: "Soy compasivo". Mi deseo es mostrar compasión hacia todos los seres vivos.

La visualización podría consistir en vernos a nosotros mismos actuando compasivamente en situaciones en las que no lo demostrábamos. De esta manera, transformamos nuestra forma de pensar en una mentalidad positiva. Para desarrollar nuestra inteligencia, debemos comprender los desafíos que presenta la vida. No hay errores. Solo aprender.

Para eliminar los pensamientos negativos y fomentar los pensamientos positivos, trabajaremos nuestra mente sin desaliento. De esta manera, el planeta se transformará en un lugar mejor para vivir y el pensamiento positivo se extenderá a los demás, ya que todos tenemos la misma naturaleza.

Seremos felices, viviremos en amor, armonía y paz si dominamos el arte del pensamiento positivo, y seguiremos practicando la meditación de manera adecuada.

¿Cómo Iniciar La Meditación?

A veces creemos que la meditación es solo una persona en silencio. Sin embargo, no debemos dejarnos llevar por las apariencias porque esa persona en silencio no es la misma que el nivel de conciencia, paz y armonía que está logrando en ese momento y los efectos que esto tiene en su vida.

Uno de los pasos más importantes para comenzar a meditar, en mi opinión, es evitar cualquier prejuicio o paradigma que tengamos sobre la meditación, evitar cualquier idea que hayamos escuchado y ser valientes y abiertos para comprender lo que nos espera.

Para comprender esto, es fundamental trabajar en nuestra humildad y en la grandeza de esta cualidad, que nos ayudará a comprender cada vez más el verdadero significado de la meditación.

Podemos identificar el lugar adecuado para meditar después de eliminar cualquier pensamiento que creamos que no contribuirá al proceso. Debemos estar seguros de que este lugar nos brinda la comodidad necesaria o al menos no nos hace sentir incómodos, y debe ser lo suficientemente silencioso para poder concentrarnos.

Es importante tener todas estas consideraciones cuando somos nuevos en la meditación porque muchas personas dicen que puede volverse difícil en las primeras veces, por lo que es mejor evitar cualquier distracción de nuestra mente.

Recordemos usar ropa cómoda; muchas personas meditan al despertar y antes de dormir, por lo que debemos estar seguros de que nuestro enfoque debe ser en el momento y evitar pensar en cosas materiales o físicas.

Ahora que estamos listos y tomamos en cuenta estas consideraciones, vamos a seguir:

Paso 1. Sentarnos en un lugar tranquilo y tranquilo. Podemos sentarnos en el suelo o en una silla, pero siempre debemos buscar la opción más cómoda porque el objetivo es concentrarnos y buscar la paz en nuestro interior, evitando cualquier cosa que nos distraiga.

Paso 2: establecer un límite de tiempo. Debemos establecer un tiempo para meditar; a veces será un proceso un poco difícil, pero debemos establecer un objetivo que cumplir y con el que empezaremos. Una recomendación que encontré es que este tiempo debe ser corto, por ejemplo, dos minutos para comenzar.

Es importante entender que este es un objetivo a largo plazo y que se convertirá en una rutina. Por lo tanto, determinar cuánto tiempo pasaremos en un lapso de 2 minutos depende de lo avanzados que estemos, y podemos ir modificando gradualmente según nos consideremos capaces de aumentar el tiempo.

Paso 3: preste atención a su cuerpo; considere la posición en la que nos sentamos y si esta posición mejora el estado mental. Algunas personas intentan tener una postura sobre las rodillas, por ejemplo, sentándose en el suelo o en una silla, cruzando las piernas o estirando las piernas, pero esto siempre estará bien si no molesta su mente. Por ejemplo, hay personas que al cruzar las piernas experimentan problemas de circulación después de un tiempo, y hay varios casos dependiendo del tipo de persona. Como resultado, esto es una elección personal.

Paso 4: Concentre sus esfuerzos en la respiración. Enfoca tu mente a comprender el ritmo de tu respiración; muchas personas creen que su respiración no tiene nada especial porque va de acuerdo con su ritmo de vida acelerado, pero esto no te permite estar completamente consciente de lo que sucede o puede estar sucediendo con tu cuerpo.

Recuerde que debe inhalar y exhalar de forma pausada. Si siente que respira muy rápido, concéntrese y desacelere el ritmo. Esto le ayuda a liberar su mente y darle la oportunidad de reconocer lo que deben hacer para sentirse tranquilo. No es necesario tener un experto a la par; tu cuerpo y tu mente te ayudarán a hacerlo.

Paso 5: Determine cuando te sientes distraído. Las personas frecuentemente se encuentran con la tarea de recordar las tareas pendientes, los sucesos del día y las preocupaciones, ya sea personales o de la familia y amigos, cuando realizamos esta práctica por primera vez. Para muchos, esta es la parte difícil porque apagar estos pensamientos se vuelve un desafío constante.

Para avanzar en esta práctica, es esencial estar alerta para identificar estos momentos porque si permitimos que nuestra mente domine y piense en todas esas preocupaciones, habremos invertido el tiempo en pensar en preocupaciones y miedos que tienden a dominarnos, y por lo tanto nuestro comportamiento en un día puede volverse triste, desenfrenado, nervioso o desastroso. Por lo tanto, es importante cuidar cómo nuestra mente está entrenada para pensar y este tiempo

Este paso es crucial porque nos acostumbramos a dirigir y educar nuestra mente e impulsos al realizarlo. Antes de aprender a meditar, tuve ocasiones en situaciones laborales en las que me dejaba dominar por mis emociones; es decir, si alguien me decía algo que no me agradaba, mi cuerpo respondía con una reacción que podía ser muy alegre, muy triste o molesta. Cuando aprendí an educar mi mente, me di cuenta de que solo yo soy capaz de encontrar siempre paz en mi ser.

Paso 6: Controle tu mente con amabilidad. La meditación es tan importante porque nos ayuda a concentrarnos en la mente y a comprenderla mejor porque no hay nada más poderoso que la mente. Todo dependerá de cómo la tratemos, ya que nuestra mente es como un niño. En las películas de comedia, a veces las personas se hablan a sí mismas y se dan pequeños golpes en la cabeza para intentar concentrarse en lo que necesitan, pero la meditación te pide que seas amable con tu mente y la única forma de liderarla es en la mente misma, evitando el plano físico. También debemos tener cuidado al hablar de nosotros mismos; muchas veces es mejor experimentar una sensación de paz y tranquilidad que el pensamiento equilibrado puede brindar. Esto me refiero a concentrarte en sentir en lugar de hablarle a tu mente.

Paso 7: Continúe practicando Ahora que conoce los pasos que debe seguir cada vez que practica, puede dedicarse a la disciplina que implica, es decir, si tiene el objetivo de hacerlo todos los días, debe cumplirlo y practicarlo.

Algo que suele suceder cuando empieza es que estas más consciente cuando su mente y su cuerpo empiezan a llenarse de estrés, preocupaciones o no se sienten bien por las presiones del día a día. Puede tomar estas situaciones como ventajosas porque le permite reconocer cuando puede llegar a ser necesario dedicar dos minutos o el tiempo que creas necesario para meditar, concentrarse y buscar la calma. Esto tendrá un doble efecto positivo Con el tiempo, esto se vuelve tan común que muchas personas a veces no necesitan meditar porque su mente y cuerpo están tan preparados para buscar siempre la calma y el equilibrio en cada circunstancia.

Paso 8: Manténgase amable siempre. Recuerda ser amable y amable consigo mismo después de terminar su sesión de meditación. Después de meditar, abra los ojos despacio y tome un momento para notar cómo se siente su cuerpo y su mente, así como a sí mismo. Preste especial atención a sus pensamientos y emociones.

Esto se convierte en un gran despertar porque generalmente te inunda con energía, paz y calma. En última instancia, es crucial que tu práctica diaria te ayude a llegar an él y tener acceso an él, ya que muchas personas lo describen como una luz o calor que sienten, mientras que otras personas simplemente lo describen como la paz o la calma o el encontrar el centro de nuestro ser.

Además, es crucial enfatizar que la amabilidad se refleja en cómo trata a su entorno, ya que no solo trata a las demás personas, sino también a todo lo que lo rodea, desde animales y plantas hasta familiares, amigos, desconocidos o lugares donde vives, trabajas o transitas. Todo se resume en actuar con amabilidad de manera integral.

Meditación Y Atención Plena

Iniciar el camino de la disciplina de la meditación y la atención plena es aventurarse a cambiar los malos hábitos por otros más saludables que nos llevan a tener una vida de calidad no solo en cuanto a la salud física, como se ha descubierto por grandes místicos y maestros espirituales que nos han transmitido esta enseñanza. Además, nos lleva an adentrarnos en nuestro mundo interior y conectarnos con nuestra verdadera naturaleza espiritual, donde los cambios se

En primer lugar, hablaremos sobre los conceptos más cruciales que debemos tener en cuenta al comenzar este conocimiento y para hacerlo correctamente.

¿Cuál es el significado real de la palabra "meditación"?

El término "meditación" proviene del latín "meditari", que significa "considerar", y se refiere an una amplia gama de prácticas que incluyen técnicas diseñadas para promover la relajación, crear energía interna o fuerza de vida y desarrollar virtudes espirituales como el amor, la bondad, la paciencia, la generosidad y el perdón entre muchas otras.

Conocemos que la meditación se ha practicado desde la antigüedad y se usa en diferentes contextos, como preámbulo de ritos religiosos y creencias. La meditación no es una religión en sí misma, sino que es una disciplina en la que todos podemos trabajar para regular nuestra mente y conectarnos espiritualmente en un acto reflexivo que involucra las tres partes que componen el ser humano: mente, alma y cuerpo, dispuestas en una conexión íntima.

Existe una variedad de escuelas de meditación que utilizan diferentes enfoques y técnicas. En el budismo oriental, el hinduismo y el budismo occidental, las formas están enfocadas en aquietar la mente para lograr el entendimiento de un plano de realidad que tiene más que ver con lo sensorial, ampliar y controlar diferentes rasgos de personalidad.

En la filosofía zen, la meditación se considera una forma natural de la consciencia humana que le permite comprender el significado de la existencia, algo que experimenté personalmente. Otra forma de meditación tiene como particularidad mantener la concentración en un punto sin esfuerzo con el objetivo de crear un estado de bienestar en el practicante en cualquier actividad de su vida.

La mente agitada se enfoca en cosas que desvían la atención, y la práctica de esta rutina tiene como objetivo devolver a la mente an ese estado primordial.

La meditación es utilizada en la mayoría de las culturas y religiones como un pilar fundamental para establecer una conexión con la divinidad y el conocimiento superior. Para practicarla, no es necesario pertenecer an una religión específica, sino que es esencial como dormir, comer de manera saludable, hacer ejercicio y adquirir conocimientos positivos. La meditación alimenta el espíritu, y incorporarla en nuestra vida diaria nos ayudará an encontrar la congruencia de quiénes somos en realidad.

La consciencia y la atención plena son dos conceptos que están íntimamente relacionados, pero tienen algunas diferencias clave. La consciencia es atención plena, del inglés, cuya raíz es "mente" y "fulness", de origen pali. Estar en estado de consciencia es darse cuenta de lo que está sucediendo en este momento, en cada presente inmediato, como lo suelo llamar; paradójicamente, la meditación es ir an un estado

Es una disciplina que nos ayuda a conectarnos con nosotros mismos y con lo que pasa en la mente porque ser conscientes de la manera en que pensamos y conectarnos con nuestras emociones nos ayuda an identificar qué nos hace comportarnos de determinada manera y nos lleva a la consciencia de nuestros propios actos; debido al torrente de pensamientos que ocurren al mismo tiempo, la conducta automatizada se hace con mayor frecuencia y muchas veces ocurre el olvido, además

La práctica de la atención plena mejora la productividad, la concentración, la atención, la percepción y la memoria.

Una mente tranquila tiene más espacio para crear nuevos conceptos.

La meditación, una forma de entrenar la mente, se originó en el budismo y la meditación vipassana 2.500 años atrás. Desde entonces, ha adquirido una nueva definición que se asemeja a la contemplación porque se ha utilizado para traducir conceptos de prácticas espirituales asiáticas como el Dhyana.

También hay una variedad de métodos de meditación que se utilizan para mejorar el bienestar mental, como el yoga, el uso de sonidos de cánticos y el enfoque en la respiración para liberar la mente. La diferencia entre la meditación y la disciplina es que la meditación nos ayuda a practicar el estar conscientes en cada momento y la disciplina de la meditación nos lleva más a la profundidad de nuestro ser. Para obtener los beneficios de ambas, es necesario practicar ambas.

La meditación es un retiro espiritual, es decir, tomar el tiempo para estar consigo mismo y adentrarnos en la contemplación de nuestro ser, que cada vez nos lleva a niveles más altos de consciencia de nosotros mismos y de nuestra unión con la Fuente Divina o Dios para llegar a la unidad con nuestro ser esencial.

La meditación nos permite experimentar momentos de introspección, comprender lo que nos está afectando, encontrar respuestas a muchas de nuestras inquietudes y conflictos internos, visualizar seres de luz, seres desencarnados, viajes astrales, entrar an otras dimensiones, y en momentos de relajación, se pueden ver colores hermosos que aparecen y se difuminan para dar paso an otros.

La división tiene sus raíces en el juicio y es necesario aprender a vivir en la no dualidad para lograr esa conexión que nos lleve an experiencias trascendentes. La meditación y la práctica de la atención plena son complementos para experiencias transformadoras porque poner la atención plena en nuestros pensamientos, emociones y acciones nos lleva cada vez a caer menos en errores, lo que conduce an una transformación de paradigmas y en la meditación cada ve

En Japón, la meditación, que también significa reflexionar, se popularizó. Fue el monje Guigo II quien introdujo esta idea en el siglo XII. Hoy en día, hay siete tipos de meditación: vipassana, kundalini, chacra, zazen, mantra, Tonglen y trascendental.

La Meditación Vipassana, cuyo origen se encuentra en la India, significa ver las cosas tal como son. Se practica observando el cuerpo, la mente y sus cambios. Por otro lado, la meditación budista tiene nueve niveles del camino a la paz mental: emplazamiento de la mente, emplazamiento continuo, emplazamiento de nuevo, emplazamiento cercano, disciplina, pacificación, pacificación total, un solo punto de enfoque y emplazamiento en equilibrio.

Llegar a la conexión espiritual es el objetivo principal, aunque existen muchas técnicas.

La Meditación de Milagros es una obra literaria que proporciona técnicas sencillas para adaptarse con mayor facilidad a diferentes estilos de personalidades. No requiere cambios en el estilo de vida, es una ayuda efectiva, no requiere esfuerzo y no se necesita memorizar pasos, sino que surge de manera muy natural.

Se trata de permitir que el inconsciente se manifieste a través de los pensamientos y afloren sin la intención de controlarlos, en la medida en que surge la aceptación de este proceso sistémico, sin entrar en contraposición con ellos. Cada vez podremos ir teniendo una conexión más profunda para encontrar en donde está el bloqueo y así determinar las siguientes meditaciones para ir trabajando progresivamente.

El cuerpo entrará en relajación con la mente en la consciencia plena del espíritu, transmigrando a nuestro espacio interior en ese silencio profundo, llevando la mente an un estado poderoso y de consciencia, libre de cualquier control mental y experimentando estados de paz perfecta en la resolución instantánea de conflictos internos, sentir libertad y bienestar general.

Es fundamental comprender todos los beneficios que nos ofrece esta disciplina, que han sido comprobados a través de estudios científicos y podrán obtenerse con cualquier tipo de meditación.

Ayuda a desarrollar la tolerancia, la paciencia, la compasión y la inteligencia emocional porque mejora la autoconsciencia y el autoconocimiento, ayudándonos en nuestra evolución interior, mejora la habilidad para expresar nuestras emociones, ayuda a reducir significativamente la tendencia a rumiar, que son los pensamientos recurrentes, y por lo tanto evita caer en depresión, mejora la empatía, la atención, favorece el buen funcionamiento del aprendizaje, la memoria, Su práctica nos permite aceptar el fluir de la experiencia y reconocer lo que está sucediendo mientras sucede.

La metacognición mejora las relaciones interpersonales y activa la corteza prefrontal, lo que promueve el procesamiento consciente de la información. Además, aumenta la materia gris responsable de la memoria, el aprendizaje y la regulación de las emociones, que también se considera un regulador de la tensión.

La meditación no es una técnica de relajación, pero puede producirla. Ser consciente de lo que estamos haciendo nos ayuda a manejar las emociones, adaptando la expresión de ellas a cada situación, observando la mente disminuye el flujo de los pensamientos distractores.

La meditación, al igual que el dormir y el comer, es una habilidad innata en los humanos. Tomarla en cuenta nos sensibiliza gradualmente, cambia nuestra percepción y nos permite llenarnos en el vacío absoluto, escucharnos en el silencio profundo y conocernos en lo intangible.

En 2011, el Centro Nacional para la medicina complementaria y alternativa publicó un estudio en el que las imágenes de resonancia magnética de los cerebros de 16 participantes que practicaban meditación de atención plena fueron examinadas durante dos semanas. Los investigadores del Instituto Bender de Neuroimagen del Hospital de Massachusetts, que se encuentra en Alemania, concluyeron que los hallazgos indicaban un mecanismo cerebral relacionado con la salud mental de esas personas que practicaban meditación de atención plena.

En Sulú, el saludo tradicional de las tribus sudafricanas es Sawubona, lo que significa "te veo". Este saludo se refiere al reconocimiento, la aceptación y la inclusión del otro con sus cualidades y variaciones. Es una sensación de pertenencia an una tribu donde cada uno se reconoce a sí mismo existiendo para sí mismo, para los demás y para la colectividad, valorando, respetando y conectando como parte de sí mismo.

En la historia de Siddhartha Gautama, el Buda decidió simplemente sentarse en absoluto silencio con la firme determinación de que esperaría el tiempo necesario para alcanzar el estado de iluminación perfecto. También sabemos que el maestro Jesús de Nazareth lo hizo, pasando 40 días en meditación y oración, lo que le permitió superar todos los obstáculos. Necesitamos solo un espacio en sí mismos para estar conectados con Dios y en nuestro universo interior. Como resultado, he podido comprender que para cada individuo que se dispone y se deja llevar por el momento, habrá cambios significativos en su vida. En los talleres de meditación de milagros donde comparto las meditaciones que he creado, puedo considerar que en este despertar que es de forma progresiva a través de la práctica de la meditación, influye el ni

Los iniciadores y grandes descubridores de esta hermosa disciplina lo enseñaban sin ánimo de lucro, por lo que la enseñanza de la meditación debe mantener la pureza en que fue concebida. Es lamentable lo que nuestra sociedad ha hecho de estos grandes místicos y maestros, formando religiones con el ánimo de lucrarse, convirtiendo la meditación en cursos donde las personas tienen que pagar por ello. Me pregunto a qué universidad acudió Jesús o Buda, cuando se pueden elegir técnicas y métodos como la música de meditación, los cuencos tibetanos, posturas sencillas que son de libre albedrío, donde las personas pueden acce Saber que esta disciplina no es un curso para graduarse y que con unos conocimientos básicos se pueden experimentar experiencias únicas porque tenemos lo fundamental, lo que nos lleva a la experiencia que es sentir nuestro espíritu en el momento de la conexión para el despertar o iluminación.

Desarrollar el autoconocimiento y alcanzar el Samadhi, que es la identidad sin sí mismo.

Nuestro espíritu nos ha revelado que existen unos puntos clave o centros energéticos del cuerpo conocidos como chakras, que guardan correspondencia con diferentes aspectos de nuestro ser, influyendo en las áreas física, mental, espiritual y emocional. Al entrar en sintonía con el Universo o la Fuente Divina, se recibirá la energía universal del perfecto amor. Mantener ese equilibrio nos proporcionará bienestar general, práctica de meditación, atención plena y

Desde la tradición hindú, se conocen estos chakras, como ya sabemos que cada célula y átomo de nuestro cuerpo son energéticos. Se cree que los 7 chakras ayudan a canalizar y conectar toda esa energía hacia el plano de la conciencia, aunque algunas tradiciones hablan de que son cuatro o 12, independientemente de donde se utilicen en el Tíbet, los mayas o la cultura china.

Para obtener una idea, los mencionaremos.

Primer chakra: Muladhara es el polo a tierra en la columna o coxis y se representa con rojo.

El segundo chakra, SvadhisThana, está relacionado con la sexualidad y se encuentra por debajo del ombligo, representado en naranja.

El tercer chakra, o manipura, se encuentra en el plexo solar, en el centro del cuerpo, entre los intestinos y el corazón. Según el ayurveda, se encuentra en el área mental, que está amarillo por encima del ombligo.

El cuarto chakra, Anahata, se encuentra en el centro del pecho verde y está íntimamente relacionado con el corazón, los sentimientos de amor y la apertura hacia la vida.

El quinto chakra, Vishuddha, se encuentra en la región de la garganta que está relacionada con el color azul y representa la energía o la voluntad para lograr objetivos.

El sexto chakra, ubicado en el entrecejo y representado por el color índigo, nos conecta con el mundo del pensamiento y permite la generación de ideas, la energía para la visualización, la percepción y el mejor entendimiento de conceptos mentales. El tercer ojo, también conocido como Ajna en la frente, es responsable de conectarnos con la glándula pineal.

El séptimo chakra, Sahasrara, se encuentra en la parte superior y representa el color violeta. Nos conecta al plano espiritual y del conocimiento.

La Frecuencia De Vibración

El concepto de frecuencia vibratoria me ha ayudado a controlar mi estrés. Al estudiar estos temas, mi terapeuta me explicó que una frecuencia vibratoria alta es cuando una persona se encuentra bien, en paz y tranquila, mientras que una frecuencia vibratoria baja es cuando una persona se encuentra triste, enojada, infeliz o alterada.

Aunque sé que suena raro, creo que lo que voy a decir a continuación tiene que ver con la idea de que lo similar atrae lo similar y, dependiendo de su frecuencia vibratoria, la persona captará a las personas o situaciones que se encuentren en su misma frecuencia. Por lo tanto, es mejor estar en una frecuencia vibratoria alta siempre o salir lo más pronto posible de una baja. Cuando percibimos algo, lo llamamos tener buena vibra o mala vibra. Por ejemplo, hay momentos en los que nos encontramos con alguien y decimos: "¡Qué bien me cayó fulanito de tal, como que tiene buena vibra!" o hay momentos en los que nos sentimos incómodos cuando llegamos an un lugar porque percibimos que tiene mala vibra. Es como un radio FM que solo puede sintonizar estaciones FM y no puede captar sintonías AM.

Cuando tengo un problema en el trabajo, me doy cuenta de que no debería permitir que esto me baje la frecuencia vibratoria; trato de mantenerme en calma para poder resolver la situación de la mejor manera posible. Hasta ahora, esto me ha funcionado.

Específicamente cuando me toca atender an una persona molesta o enojada, me doy cuenta de que si me mantengo tranquilo y no me altero, es más probable que ella también se tranquilice o, al menos, no se altere más. En otras palabras, es más sencillo resolver los problemas si mantengo una alta frecuencia vibratoria. Sin embargo, antes, cuando se presentaba un problema que me alteraba y reducía mi frecuencia vibratoria, la situación no se resolvía fácilmente o yo terminaba con estrés, angustia o dolor de cabeza intenso.

El Centro Universitario de la Defensa de Zaragoza llevó a cabo un experimento que me permitió comprender mejor cómo una determinada frecuencia vibratoria solo afecta an aquellos que tienen la capacidad de emitir la misma frecuencia. En este experimento, colocaron dos diapasones (piezas metálicas utilizadas para afinar instrumentos musicales) con una capacidad vibratoria de 440 hercios (Hz.), y al golpear el primer diapasón y acercarlo al segundo, este comenzó a vibrar

El Dr. Masaru Emoto realizó experimentos con recipientes de agua, a los cuales escribía palabras positivas y an otros les ponía palabras negativas. Creo que esta demostración es otra que explica la importancia de mantenerse en una frecuencia vibratoria alta. Congeló el agua y la examinó en el microscopio para descubrir que el hielo en los contenedores expuestos a palabras positivas tenía cristales de formas armónicas, mientras que en los contenedores expuestos a palabras negativas tenía cristales de formas caóticas. El Dr. Masaru Emoto[9] llegó a la conclusión de que estar expuesto an estos mensajes en su contexto social debe tener algún tipo de influencia (positiva o negativa) en el cuerpo si los humanos están compuestos por un 80 % de agua[9].

✳ ✳ ✳

VI. Cómo aumentar nuestra energía

Dos de las baterías de mi cámara fotográfica van hacia un lado y las otras dos van en sentido contrario. La cámara no enciende si pongo una de ellas en la posición incorrecta. Lo mismo ocurre con las personas. Si una de nuestras "baterías" no funciona correctamente, la energía no fluye y nos sentimos desganados.

Diversas culturas aceptan que además de los cuerpos materiales, tenemos cuerpos energéticos. La palabra "prana" en sánscrito se refiere a la "energía vital" conocida en la cultura china como "chi" o "ki".[10]

En este sentido, la meditación es una forma de ordenar nuestra energía.

Hacer una pausa...

Exhale, sostenga e inhale.

Exhale, sostenga e inhale.

Exhale, sostenga e inhale.

✲ ✲ ✲

VII. Atención plena y meditación

¿Qué es la atención plena? Uno de los términos que me ha resultado más difícil de entender es el de "aquí y el ahora", que se refiere a la "atención plena" en la meditación. La mejor manera de entenderlo es cuando lo conceptualizes como lo que está sucediendo ahora mismo, no hace mucho tiempo, sino en este preciso instante en el que estás leyendo estas líneas, y no lo que puede suceder en el futuro, sino en este instante en particular. También es importante hacerlo con concentración, lo que te permite hacer una cosa al mismo tiempo en lugar de varias al mismo tiempo, ya que de esta manera no se logra nada bien.

Descubrí que no prestaba atención plena a casi nada. Concentrarse plenamente en algo en el trabajo es una actividad o acción que tiene muchos beneficios. Hacer el trabajo sin errores es lo primero que consigues. Por supuesto, esto tiene un impacto en la cantidad de tiempo que inviertes en realizar una acción o labor. La concentración también reduce el estrés. Cuando uno es consciente del ahorititita, se da cuenta de que los problemas se introducen en un momento posterior. Es posible que haya ocurrido en el pasado o en el futuro, pero no en el momento actual. Por ejemplo, mientras lees esto en este momento.

Para aquellos que buscan una explicación más científica, les sugiero leer ¡Toma un descanso! Las conferencias del Dr. Mario Alonso Puig o ver algunas de sus conferencias en YouTube son excelentes.

Casi llegamos al final, tomamos tres respiraciones.

Exhale, sostenga e inhale.

Exhale, sostenga e inhale.

Exhale, sostenga e inhale.

✳ ✳ ✳

VIII. Posición para la meditación

En la práctica del yoga u otras disciplinas, la postura correcta para la meditación consiste principalmente en estar sentado en el suelo con las piernas cruzadas, la pelvis ligeramente hacia atrás. Algunas veces, te puedes ayudar de un banquito o un cojín conocido como zafu, con lo que obtienes una posición apropiada para ello.

Muchas veces en el ambiente laboral uno no cuenta con las condiciones y facilidades para tener espacios apropiados para la meditación. Es importante aclarar que uno puede llegar a meditar perfectamente en cualquier lugar. Recomiendo que sea sentado, con las piernas separadas, las manos sobre las rodillas, los hombros hacia atrás, la espalda recta y la cabeza derecha. También se vale meditar acostado o parado. Lo importante es integrar en nuestra vida esta práctica.

IX. El lugar ideal para meditar

Sería bueno estar en un hermoso jardín, escuchando el sonido del agua correr en una cascada con aromas frescos y relajantes; pero como la realidad en las oficinas es otra, literalmente el lugar ideal para meditar es donde se pueda.

También es recomendable hacerlo en casa y levantarse unos minutos antes para realizar esta práctica; pero si esto no fuera posible, aquí te dejo algunas ideas de lugares donde puedes hacerlo.

Dentro de tu auto en el estacionamiento.

En el escritorio, antes de que se abra la oficina. No hay problema si tus compañeros te ven meditando. Probablemente sólo tienes que tener cuidado de que no haya clientes porque pueden pensar que estás dormido o ignorándolos.

En el baño.

A la hora de la comida.

En algunas oficinas tienen áreas comunes como gimnasios, jardines e incluso capillas, y en estos espacios se puede meditar muy bien.

www.ingramcontent.com/pod-product-compliance
Lightning Source LLC
Chambersburg PA
CBHW050419120526
44590CB00015B/2024